LE CALCUL MENTAL
C'EST MATHS & MAGIQUE !

LE CALCUL MENTAL
C'EST MATHS & MAGIQUE !

René COLIN
Avril 2022

Édition : BoD – Books on Demand, info@bod.fr

Impression : BoD – Books on Demand,
In de Tarpen 42, Norderstedt (Allemagne)
Impression à la demande

ISBN 978-2-3223-9652-8

Dépôt légal : juin 2022

*A tous mes instituteurs
de l'école Pasteur de Coudekerque-Branche
pour les 15 mn de calcul mental quotidiennes
pendant toute ma scolarité en primaire.*

SOMMAIRE

« Les statistiques disent que 65 % des élèves sont bons en maths –
moi je dois appartenir aux 27 % qui restent ! »

1 INTRODUCTION

Les calculs c'est compliqué, c'est rébarbatif. Qui n'a pas souffert, pendant des heures de cours de maths, à faire des additions, des soustractions, des multiplications, des divisions ?

Heureusement, dans les années 80, la calculatrice est apparue. Pendant longtemps elle était toutefois interdite en classe, ou lors de certaines épreuves. Aujourd'hui, son emploi s'est généralisé, et nous sommes tous équipés d'un smartphone, avec calculatrice intégrée.

Alors nous sommes tous devenus fainéants, et nous nous précipitons sur le smartphone au moindre calcul. J'ai vu, en cours dans une école d'ingénieurs, une élève se précipiter sur sa calculatrice pour effectuer 10 x 25. Lorsque je lui en ai fait la remarque, elle a répondu «oui c'est vrai, mais c'est un réflexe !».

Combien de jeunes commerçants ou caissiers (ou caissières) rendent la monnaie en interrogeant la caisse enregistreuse ? Récemment, à la boulangerie, je devais 6,20€. Je donne un billet de 10€, la boulangère enregistre 10€, et s'apprête à rendre ce que lui dit sa caisse. Je regarde dans mon porte-monnaie et dis « tenez, pour faire plus simple, j'ai 1€ et 20cts ». Alors là …. grand blanc, puis après quelques secondes « ah non, c'est pas possible, j'ai déjà enregistré 10€ … »

Même en ayant une calculatrice, un chiffre tapé par erreur (un chiffre pour un autre si on a des gros doigts), un chiffre pas assez appuyé, et voilà votre résultat complètement faux ! Si vous faites vos comptes en banque, cela peut se révéler ennuyeux.

Si nous n'avons pas une calculatrice à portée de main, il est quasiment obligatoire de disposer d'un papier et d'un crayon, car généralement il y a des calculs intermédiaires pour arriver au résultat, et nous rencontrons souvent des difficultés à retenir ces résultats intermédiaires.

Pourtant, les opérations de base : addition, soustraction, multiplication, division, pourcentages, sont permanentes dans la vie courante, quoi qu'en dise notre ancien ministre de l'Éducation Nationale et philosophe Luc Ferry : « *Dans la vie quotidienne, les maths ne servent strictement à rien !* ». Selon l'Association pour la Prévention de l'Innumérisme, seulement 38 % des adultes maîtriseraient les 4 opérations et la proportionnalité ! Nous n'avons pas toujours une calculatrice à disposition, ni obligatoirement un papier et un crayon. Alors, dans de nombreuses situations, on ne fait pas le calcul. Aurai-je assez de monnaie pour régler le montant des courses dans mon chariot ? Je découvrirai à la caisse. Quelles sont les proportions d'ingrédients dans la recette, donnée pour 6 personnes, alors que nous ne sommes que 2 ? Je sens qu'on déjeunera la même chose pendant 3 jours ! Comment estimer la part de service à laisser au restaurant ? Nous avons résolu le problème en ne laissant aucun service ! A quelle heure faut-il partir, si nous sommes attendus à 19h30, et qu'il y a 50 mn de trajet ? Là, ce sera comme d'habitude, nous serons en retard !

Et les soldes ?????? -30 % -40 % -50 %, quelle est la bonne affaire ?

Lors de voyages à l'étranger, à chaque fois que je croise un groupe de français dans un magasin, je peux entendre la même chose : « *135$? Combien ça fait en euros ?* »

Il faut savoir compter un minimum, et pouvoir se passer de calculatrice, papier et crayon dans les situations courantes.

Lorsque j'étais adolescent, j'avais été impressionné par un calculateur prodige, lors d'une émission de télé, qui faisait des calculs incroyables en quelques minutes, voire quelques secondes, comme multiplier deux très grands nombres, de tête. Ou qui était capable de reproduire rapidement un tableau de quelques centaines de chiffres, donnés par les spectateurs. Pour moi nous étions dans le domaine du surnaturel.

Quelques années plus tard, j'étais un soir au restaurant avec 7 personnes. Le total faisait je crois quelque chose comme 829F. Alors on décide naturellement de diviser par 7. Quelqu'un cherche sa calculatrice et l'un dit, sans calculette « *non ça fait 118F.* » Et immédiatement « *en fait, c'est plutôt 118,43F* ». Et devant notre surprise : « *Mais bon c'est parce que j'ai arrondi parce que en réalité c'est pas « virgule 43 » mais « virgule 42857, et même après il y a même encore un 1 et un 4* ». Vite, celui qui avait sorti sa calculatrice vérifie et oui, c'est bien ça. Comme il possédait une calculatrice qui ne donnait que 9 chiffres significatifs (soit seulement 6 après la virgule – il y a presque 40 ans de cela !), il a dû abandonner la vérification. Ce jour-là je me suis dit « c'est impressionnant, mais il doit y avoir des techniques, et moi aussi je dois pouvoir le faire ».

Depuis, au cours des années, j'ai accumulé et pratiqué certaines de ces techniques et j'ai alors décidé de les réunir dans ce livre.

La question que l'on peut se poser, c'est : « Pourquoi les mathématiques sont-elles si compliquées ?»

Je pense que nos méthodes d'enseignement y sont pour une grande part. Tout d'abord la pression que subissent les écoliers face aux mathématiques.
Ils font face et développent une phobie pour les maths. L'idée que les « maths c'est difficile », ou « les maths c'est chiant » fait lentement son chemin dans leur esprit. Le rapport de la « mission Villani » relève que 80 % des professeurs des écoles primaires sont issus d'une filière littéraire. La méthode classique d'apprentissage « sclérose ». En effet, comment expliquer que la plupart des calculateurs prodiges étaient quasiment illettrés ? Notre enseignement bloque tout esprit de créativité, on apprend à reproduire des processus, et non pas à les découvrir. En citant Robert Heiss : « *Je voudrais qu'on fît faire toute l'arithmétique aux enfants, avant qu'ils connussent la forme d'un chiffre* ».

Nos théoriciens de la science mathématique ont toujours cherché à définir une méthode qui fonctionne dans toutes les situations. Cette volonté de généraliser conduit à une méthode universelle et complexe, alors que des méthodes simples s'appliquant à des cas particuliers peuvent permettre des calculs simples et rapides.

Les parents doivent prendre également leur part de responsabilité. Ils souhaitent toujours que leur enfant réussisse là où eux ont souvent échoué. Ils ont notamment été eux-mêmes confrontés à des mathématiques difficiles. Ils mettent alors la pression sur leurs enfants « oui, il n'est pas bon en maths ; normal, j'étais moi-même nul en maths ! ». Or l'on sait parfaitement que toute phobie des parents est ressentie par les enfants, leur est transmise et qu'ils la garderont souvent leur vie durant.

Ce livre n'a donc surtout pas la prétention d'être un livre complet de mathématiques, ni une étude complète du calcul mental, mais un recueil pratique de techniques, à la portée de tous.

Il est écrit à destination des élèves et étudiants, car même si aujourd'hui ils disposent généralement d'un moyen de calcul (ordinateur, calculatrice, smartphone), ils peuvent se retrouver dans des situations sans calculatrice : certains tests, épreuves, ..., ou lorsque la calculatrice n'offre pas assez de chiffres (la plupart des smartphones limitent les calculs à 7 chiffres significatifs). Il permet aux élèves de prendre confiance en eux, et par l'entrée dans un cercle vertueux, de mieux comprendre les mathématiques.

Il sera utile à des enseignants, pour leur donner plus d'assurance et la possibilité de démontrer les avantages du calcul mental. Les personnes plus âgées y trouveront également l'opportunité de maintenir leurs capacités intellectuelles de façon ludique, car il est très sain de faire fonctionner ses neurones pour, notamment, retarder l'apparition de la maladie d'Alzheimer.

Les techniques décrites permettent de faire rapidement les calculs usuels de la vie courante, Elles permettent de déterminer à la fois des valeurs exactes, mais aussi des valeurs approximatives. Enfin elles ne prennent pas en compte les nombres négatifs.

Ce livre ne saura pas transformer quelqu'un qui ne sait pas du tout compter en un calculateur prodige. Toutefois, il vous permettra de faire des calculs que vous n'imaginiez pas être un jour capable de réaliser, jusqu'à impressionner vos proches.

Ce n'est pas non plus un recueil de jeux mathématiques, ou de magie mathématique. Quelques exemples sont donnés, qui s'appuient sur quelques opérations de calcul mental, afin de donner au lecteur l'envie d'utiliser les mathématiques de façon ludique. Pour obtenir une vision plus complète de jeux et tours de magie, le lecteur peut se reporter aux ouvrages de Martin Gardner, ou à ceux de Dominique Souder, qui sont très complets sur le sujet (voir en bibliographie).

Pour en tirer le profit escompté, il est bien sûr indispensable de maîtriser les bases du calcul : il faut connaître les tables d'addition, de multiplication (de 1 à 9), par cœur, de façon instantanée.

Les méthodes que je développe sont principalement déduites de formules mathématiques classiques, telles que les identités remarquables :
- $(a + b)(a - b) = a^2 - b^2$
- $(a + b)^2 = a^2 + 2ab + b^2$
- $(a - b)^2 = a^2 - 2ab + b^2$

Ces formules sont utilisées pour démontrer les méthodes, si nécessaire, mais ne sont en aucun cas à connaître pour être capable d'effectuer les calculs. Je les cite uniquement à titre d'information. Les matheux veulent toujours démontrer. Ce n'est pas l'objet ici et je n'ai pas voulu alourdir le livre par des formules. Cependant le lecteur avisé pourra facilement retrouver les démonstrations.

Avec ce livre vous allez découvrir les principales techniques qui permettent de devenir un calculateur rapide, mais si vous souhaitez en bénéficier efficacement, et même devenir un as du calcul mental, comme pour toute autre discipline, il sera nécessaire de vous entraîner.

Pour utiliser efficacement ce livre, je vous recommande de progresser dans l'ordre des chapitres.

Chaque chapitre expose des techniques, avec leurs prérequis, et se termine par une série d'exercices, dont la solution se trouve à la fin du livre.

Afin de vous entraîner régulièrement, sur ordinateur, sur smartphone pendant les transports, nous vous proposons un petit fichier Excel, qui génère aléatoirement des exercices.

> *« J'aime les calculs faux, car ils donnent des résultats plus justes »*
> *Jean Arp / Jours Effeuillés*

2 PRINCIPES DU CALCUL MENTAL

2.1 Notre système de numération

Il convient tout d'abord de bien distinguer un chiffre et un nombre.

Un chiffre est un *symbole* utilisé pour l'écriture des nombres. Notre système, à base 10, possède 10 chiffres. Il semble que c'est simplement parce que l'être humain possède 10 doigts.
Notre système utilise 10 chiffres notés par les symboles 0, 1, 2, 3, 4, 5, 6, 7, 8 et 9.
Bien entendu d'autres systèmes peuvent exister et ont existé, mais nous n'en parlerons pas ici.

Un nombre est une représentation d'une grandeur (une quantité). Par exemple, dans "426", 2 est un chiffre : c'est un des chiffres du nombre 426. En revanche, dans « j'ai 2 yeux », 2 est aussi un nombre, car il représente une quantité (le nombre d'yeux).
Notre système de numérotation (pour représenter un nombre) utilise une notation positionnelle. Cela signifie que la position du chiffre dans le nombre représente une grandeur bien définie. Chaque position, en partant de la

droite, représente une puissance de 10. Par exemple, dans 426,

- le 1er chiffre à droite vaut 6 x 10^0, soit 6x1 =6
- le 2ème chiffre vaut 2 x 10^1, soit 2x10 = 20
- le 3ème chiffre vaut 4 x 10^2, soit 4x100 = 400

nous lirons donc la quantité (de gauche à droite) : quatre cent – vingt – six.

Il en va de même pour les nombres décimaux. Un signe sépare la partie entière de la partie décimale. Les anglo-saxons utilisent le point « . », alors que nous utilisons plutôt la virgule « , ». Nous respecterons ici la notation traditionnelle française.

Par exemple, dans 26, 432

- Partie entière (26) : le 1er chiffre (en partant de la virgule) vaut 6 x 10^0, soit 6x1 =6
- le 2ème chiffre vaut 2 x 10^1, soit 2x10 = 20
- Partie décimale (432) le 1er chiffre (en partant toujours de la virgule) vaut 4 x 10^{-1}, soit 4x0,1=0,4
- le 2ème chiffre vaut 3 x 10^{-2}, soit 3x0,01 = 0,03
- 3ème chiffre vaut 2 x 10^{-3}, soit 2x0,001 = 0,002

nous lirons donc la quantité (de gauche à droite) : « vingt-six virgule quatre cent trente-deux.

Il est intéressant de remarquer que les nombres (quantités) s'énoncent de gauche à droite, aussi bien pour l'écriture, la lecture, la mémorisation. Ceci est vrai également pour toute suite de chiffres : n° de téléphone, date, n° de sécurité sociale…

2.2 Nos méthodes traditionnelles de calcul

D'abord nous avons appris, à l'école, à faire des calculs avec des méthodes rigoureuses, qui s'appliquaient avec papier et crayon.

Toutes les opérations sont effectuées de droite à gauche. Ceci est vrai pour toutes les opérations de base : addition, soustraction, multiplication, division, etc.

Prenons l'exemple d'une multiplication, d'un nombre à 3 chiffres, par un nombre à 2 chiffres (385 x 47). La méthode que l'on nous a enseignée est bien connue et rigoureuse :

```
    3 8 5
  x   4 7
    2 6 9 5
  1 5 4 0 .
  1 8 0 9 5
```

- On pose les 2 nombres, l'un en dessous de l'autre, en plaçant les unités sous les unités, les dizaines sous les dizaines ...
- On multiplie le premier chiffre des unités (le 7 de la 2ème ligne) par chacun des chiffres de la première ligne, en allant de droite à gauche :
- 7 x 5 = 35, je pose le 5 et retiens 3
- 7 x 8 = 56 et la retenue 3 = 59, je pose 9 et retiens 5
- 7 x 3 = 21, plus la retenue 26
- Puis on fait la même chose avec le chiffre des dizaines (4), en ayant auparavant décalé d'un cran vers la gauche
- Enfin on additionne les 2 nombres obtenus, en partant toujours de la droite, et en prenant en compte également les retenues.

Essayer de faire cette simple opération de tête relève de l'exploit, et alors on comprend le don extraordinaire que possèdent ces calculateurs « prodiges ».

2.3 Principes de base du calcul mental

Est-ce que ces méthodes traditionnelles sont fausses ? Bien sûr que non ! Elles ont été conçues pour faire des calculs sur papier, le crayon à la main. Elles décomposent les opérations en un processus standard, universel, permettent de comprendre ce processus et fonctionnent à tous les coups, quelques soient les nombres et chiffres en cause. Par exemple, elles utilisent le même processus pour calculer 17 x 4 que pour calculer 7 643 826 x 64 637.

A l'opposé les méthodes de calcul mental présentent un catalogue des astuces, qu'il faut apprendre. On nous en a appris quelques-unes en classe, par exemple multiplier un nombre à 2 chiffres par 11. Il suffit d'écarter les 2 chiffres et d'y placer la somme au milieu : 34 x 11 : on écarte 3 _ 4 on place la somme (3+4=7) au milieu, ce qui donne 374. Cette astuce est très simple, mais elle ne fonctionne QUE pour la multiplication d'un nombre à 2 chiffres par 11. Alors, comme l'on ne connaît que très peu d'astuces, le réflexe est de devoir se reporter systématiquement sur la méthode classique, celle qu'on a apprise, celle avec laquelle on est familier. Mais c'est long et ne se prête absolument pas au calcul mental.

On peut définir le calcul mental comme étant : la faculté de faire des calculs en utilisant uniquement le cerveau, de tête, sans le recours à une calculatrice, à du papier ou crayon, et cela facilement et rapidement.

Pour être en mesure de faire des calculs mentalement, il est nécessaire de s'appuyer sur quelques principes de base, que nous emploierons systématiquement pour tous les calculs.

Ces principes que nous employons sont largement issus de la méthode védique. Cette méthode a ses racines dans les anciennes écritures indiennes appelées Védas, traduites par « connaissance », ou « la tête fontaine de la connaissance ». C'est une application pratique, visuelle et simple de formules très courantes. Ces règles n'étaient pas présentées sous forme de formule, mais textuelles (les Ganita Sutras).

Une parmi d'autres : « par un de plus que le précédent » : cette règle peut être appliquée pour différents calculs. Par exemple pour élever au carré un nombre se terminant par 5 : on multiplie le nombre de dizaines par 1 de plus que le précédent, puis on place 25 à droite. Exemple pour 35^2 : 3 x (3+1) = 12, et avec 25 à côté cela fait 12 25, soit 1225.

Cette méthode est reconnue comme la méthode la plus simple de calcul mental, qui permet de calculer 10 à 15 fois plus rapidement. Elle est fortement utilisée en Inde. Cela peut expliquer le niveau élevé des Indiens en mathématiques. Nous ne développerons pas les textes originaux, mais le lecteur peut s'y reporter s'il le souhaite.

2.3.1   *Mémorisation*

Les calculs très simples, à 1 seul chiffre, et élémentaires, doivent être réalisés sans calcul, mais simplement en faisant appel à la mémoire. Ainsi la somme 7+4, ou le produit 8x3 doivent être connus et rappelés immédiatement, sans faire aucun calcul. C'est pour cela que les tables d'addition et de multiplication, de tous les nombres de 1 à 10 doivent être mémorisés et rappelés sans hésitation. Ceci est un minimum pour réaliser des calculs mentalement. C'est pourquoi nous rappellerons systématiquement que la connaissance, par cœur, des tables d'addition et de multiplication de 1 à 10 est un prérequis pour être en mesure d'appliquer les principes développés dans ce livre.

Dans certains pays, en Inde notamment, il est demandé aux élèves de fin de primaire de connaître les tables d'addition et de multiplication par cœur, pour tous les nombres de 1 à 50.

Les calculateurs prodiges, notamment ceux qui vont participer à des championnats de calcul mental, ont mémorisé les tables de multiplication et des carrés jusqu'à des nombres importants.

2.3.2 Visualisation

Tout d'abord, puisque nous allons réaliser les calculs mentalement, sans papier ni crayon, il est primordial de « voir » les chiffres, et de « voir » des chiffres et leur position, plutôt que des nombres. Ce premier principe, et le plus important, facilite grandement le processus de calcul mental.

Nous avons appris à multiplier facilement un nombre de 1 chiffre par 11.

Par exemple, pour 7 x 11, on ne fait pas de calcul, mais on « voit » le résultat :
- on voit le 7,
- on « voit » son double,
- donc on « voit » le résultat 77

Reprenons l'opération qui consiste à effectuer cette opération pour un nombre à 2 chiffres. Par exemple pour 34 x 11

- On écarte les 2 chiffres
- On voit la somme (4+3=7)
- On place cette somme au milieu
- Et on « voit » le résultat 374

Notre instituteur ne nous a peut-être pas appris comment faire pour 3 chiffres, mais ce n'est pas plus difficile. Par exemple pour 634x11

- On écarte les 2 chiffres extrêmes
- On place la somme des 2 premiers (6+3)
- A côté on place la somme des 2 derniers (3+4)
- Et on « voit » le résultat 6 974

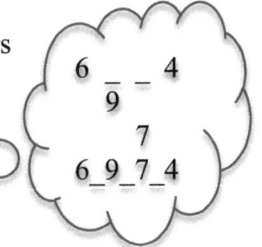

Bien entendu, il ne faut pas oublier les retenues, si nécessaire, mais nous verrons cela ultérieurement.

2.3.3 De gauche à droite

Pendant le processus de calcul, il est nécessaire de se souvenir de calculs intermédiaires. Nous utilisons pour cela la mémoire à court terme. Toutefois cette mémoire est très volatile. Dès que l'on se concentre sur d'autres calculs intermédiaires, cette mémoire s'efface. Traditionnellement, les calculs se font de la droite vers la gauche. Par exemple si l'on veut multiplier 43x37 : on commence par 7x3=21, il faut retenir le 1 et la retenue 2. Puis 7x4=28, plus la retenue =30, et l'unité cela fait 301.

On passe alors à la suite du calcul : 3x3=9, puis 3x4=12, soit 129 ….. on a toutes les chances d'avoir déjà oublié le premier résultat intermédiaire 301.

Le calcul de droite à gauche est en contradiction avec notre façon d'écrire les nombres, de les prononcer, de les retenir. D'autre part, en calculant de droite à gauche, la probabilité de faire une erreur est plus importante. Enfin, dans un calcul financier, le chiffre important c'est de savoir exactement combien de millions le résultat représente, pas combien de centimes ! Le chiffre le plus important c'est donc celui de gauche, ainsi que sa position.

Le calcul de gauche à droite est donc beaucoup plus naturel et ne crée pas de confusion. Nous voyons les chiffres de gauche à droite, et le résultat se construit de gauche à droite. Au fur et à mesure que nous bâtissons le résultat, nous allons adjoindre des nouveaux chiffres à droite.

Ainsi, pour effectuer l'addition 21+32 : on retient de gauche à droite, on additionne de gauche à droite : d'abord 20+30 = 50 (en fait 2+3=5 on « voit » et on retient 5). Puis les unités : 1+2 on voit 3 que l'on adjoint au 5 précédent : on voit et on prononce 53.

Toutefois, lorsque les calculs sont complexes, et comportent des nombres importants, avec beaucoup de retenues et de calculs intermédiaires, on peut être amené à utiliser une feuille et un papier. Dans ce cas, le calcul de droite à gauche peut présenter un intérêt.

2.3.4 Simplification

On peut appeler ce 3ème principe celui du moindre effort.
Une opération compliquée peut souvent être décomposée en étapes simples.
Par exemple, calculer 523 x 3 semble compliqué. Toutefois c'est la somme de 3 calculs beaucoup plus simples :
-    500 x 3, 20 x 3 et 3 x 3
Ainsi, en faisant les calculs de gauche à droite et en visualisant les chiffres, le problème devient simple.

-    On « voit » les centaines (5 x 3)
-    Puis on place les dizaines (2 x 3)
-    Puis les unités (3 x 3)
-    Et on « voit » le résultat
     1 569

$$1\ 5\ \_\ \_$$
$$1\ 5\ \overline{6}\ \_$$
$$1\ 5\ 6\ \overline{9}$$

La simplification consiste également à :

- additionner plutôt que soustraire, donc transformer des soustractions ou autres opérations en additions
- calculer dans l'ordre de difficulté : en cas de calculs intermédiaires, il est préférable de commencer par les calculs plus compliqués. En effet, il faudra se souvenir (dans la mémoire à court terme) de résultats intermédiaires. Il sera donc plus facile de ne pas encombrer la mémoire pendant les calculs plus complexes, et faire les derniers calculs plus simples et ayant en mémoire les résultats intermédiaires.
- Utiliser les faits tels que 8 est proche de 10, que 25 est le quart de 100 ou que 6 et 4 font 10.

2.3.5   Découpage

Afin d'accélérer le calcul, une technique efficace consiste à découper le nombre en groupes de 2 voire de 3 chiffres.

Par exemple : la division de 2457 par 3.
- On peut effectuer les divisions chiffre après chiffre, ce qui va conduire à 3 ou 4 divisions.
- Groupons ce nombre par groupes de 2 chiffres, nous obtenons 24 57. Puis effectuons mentalement les 2 divisions de 24 par 3 (ce qui donne 8) et 57 par 3 (ce qui donne 19), soit un résultat de 819.

Cette méthode, très efficace, nécessite cependant un certain entraînement, afin de « voir » rapidement quels sont les groupages les plus judicieux.
Pour chaque type de calcul, nous fournirons quelques conseils pour identifier ces groupages judicieux.

2.3.6   Calculer un ordre de grandeur

Dans de nombreuses situations, nous n'avons pas besoin de résultat exact, mais d'un ordre de grandeur.

Par exemple : combien mesure la largeur de mon parking ? est-ce un lit de 140 cm, 160 cm, 180 cm ou 2 m ? Quelle est l'épaisseur de ce morceau de bois ? Quelle est la hauteur de cette porte ? Pour cela, on peut utiliser les parties de notre corps :

-   un très grand pas fait environ 1 m
-   la main ouverte, du bout du pouce au bout du petit doigt, mesure environ 20 cm,
-   mon pouce fait environ 2,5 cm (en fait un pouce anglais (inch) vaut 2,75cm)

Ai-je assez d'argent liquide pour régler les courses ? Quelle est ma moyenne de consommation de gasoil ?
Des calculs approchés sont souvent suffisants pour répondre à la question.

Il est d'abord important de déterminer le nombre de chiffres significatifs avant le calcul. En effet, pendant le calcul, on manipule et on « voit » des chiffres, et on court le risque (fréquent) de générer un décalage, ce qui se traduit par une erreur sur l'ordre de grandeur, par exemple arriver à 110 320 au lieu de 1 110 320, ce qui est loin d'être négligeable.

2.3.7   Mixage

Il est toujours possible d'appliquer plusieurs stratégies pour le même calcul. Nous pourrons ainsi être amenés à mixer plusieurs principes. De plus l'ordre des opérations importe peu, c'est le résultat qui compte.

En face de plusieurs méthodes, chacun peut déterminer laquelle est la meilleure : la meilleure c'est celle qui lui semble la plus facile, celle qui correspond le mieux à son organisation mentale.

2.3.8   Concentration

Les calculs mentaux mobilisent des ressources intellectuelles, notamment de mémoire à court terme, laquelle est la plus volatile. Afin d'effectuer des calculs mentaux rapidement et efficacement, il est donc indispensable d'avoir l'esprit le plus libre possible, et donc d'être pleinement concentré sur la tâche.

2.3.9   Quelques conseils

A chaque fois que vous avez étudié et compris une technique, nous recommandons de faire tout d'abord les exercices en fin de chapitre, afin d'assimiler la technique.

Comme toute activité, afin que ces méthodes deviennent des réflexes, et que l'on parvienne à réaliser les calculs de plus en plus rapidement, il est vivement conseillé de s'entraîner, d'effectuer des exercices. Un fichier Excel est peut vous être transmis en téléchargement, pour s'entraîner à effectuer ces calculs de plus en plus rapidement et de plus en plus mécaniquement. Il suffit de contacter l'auteur dont les coordonnées se trouvent sur la couverture.

D'autre part, pour que cet entraînement ne soit pas rébarbatif, nous recommandons, chaque fois que c'est possible, de se trouver des situations où l'on peut faire les calculs mentalement, même si on dispose d'une calculatrice. Par exemple, pour ma part, étant bloqué dans des embouteillages, je m'occupe en multipliant des plaques minéralogiques entre elles, ou en les élevant au carré, ou en faisant l'effort de mémoriser les plaques des 10 dernières voitures. Un ami indien m'a indiqué un jeu qu'il faisait avec ses enfants en voiture, qui consistait à repérer rapidement le plus possible de voitures dont le numéro minéralogique était divisible par un nombre donné.

2.4 Prérequis

2.4.1 Connaître les tables de base

Comme nous l'avons indiqué précédemment, le prérequis principal relève des tables, qu'il faut parfaitement maîtriser, sans réfléchir.

Les tables d'additions, jusqu'à 10, ainsi que les compléments à 10, qui aident également à voir rapidement des résultats de soustraction : plutôt que de penser 10-6, il est plus simple de penser combien pour aller de 6 jusqu'à 10 ?

Toutes aussi importantes sont les tables de multiplication, de 1 jusqu'à 10.
Toutes les tables de multiplications dont le résultat est inférieur à 100 sont également très utiles. Il ne s'agit pas de les apprendre par cœur ni de les réciter, mais de « voir » le résultat sans calcul :
- pour la table de 2 jusqu'à 50 ; par exemple 2x44 donne 88
- pour celle de 3, jusqu'à 30 ; par exemple 3x23 donne 69 (60 + 3x3)
- pour celle de 4, jusqu'à 25 ; par exemple 4x18 donne 72 (40 + 4x8)
- et pour celle de 5, jusqu'à 20 ; par exemple 5x17 donne 85 (50+5x7)

2.4.2 Mémoriser un nombre ou calcul intermédiaire

Pendant que l'on effectue une opération quelconque, il est nécessaire de se souvenir de quelques nombres : ceux qui sont l'objet de l'opération, ainsi que des résultats intermédiaires et du résultat final.

Nous avons vu précédemment que tous les nombres sont stockés dans la mémoire à court terme, très volatile.

Dans un premier temps, ainsi que pendant votre progression, nous vous conseillons de maintenir le problème visible, et de calculer mentalement. Maintenir l'énoncé visible permet de ne pas encombrer la mémoire avec les données du problème. Il sera simplement noté sur un tableau, sur une feuille de papier.

Puis, petit à petit, au fur et à mesure que vous progresserez, vous pourrez en masquer une partie. Par exemple en entrant le premier nombre dans la calculatrice, puis le second, et en appuyant sur l'exécution uniquement lorsque votre calcul est fait mentalement (ce qui vous cache en fait la moitié des données).

Par exemple : effectuer 3 627 x 6

Calculs intermédiaires

- 3 x 6 = 18
- 6 x 6 = 36 : la retenue (3) est ajoutée au résultat précédent, soit 21 6
- 2 x 6 = 12 : la retenue (1) est ajoutée au résultat précédent, soit 21 7 2
- 7 x 6 = 42 : la retenue (4) est ajoutée au résultat précédent, soit 21 7 6 2

$$
\begin{array}{cccc}
18 & - & - & - \\
3\,6 & & - & - \\
21\,6 & & & - \\
& 1 & 2 & - \\
21\,7 & 2 & & - \\
21\,7 & 2 & & \\
& & 4 & 2 \\
21\,7 & 6 & 2 &
\end{array}
$$

Il est difficile de justifier un calcul mentalement et d'écrire en même temps toutes les étapes intermédiaires. L'écriture des données du problème se justifie très bien en rendant le problème lui-même visible. Cependant il est préférable de ne pas rendre les calculs intermédiaires visibles.

Pour cela, si la mémoire ne suffit pas, on peut utiliser ses doigts, de façon très discrète. Voir le chapitre 5.1.

Le résultat final s'énonce, mais peut aussi être écrit au fur et à mesure du calcul. Ainsi, que l'on réalise l'opération de gauche à droite, ou même de droite à gauche, cela ne pose aucune difficulté à écrire les chiffres du résultat dès qu'ils sont connus.

2.5 Pour mettre en appétit

Comme son nom l'indique, l'objectif de ce chapitre est de donner rapidement au lecteur l'envie d'aller plus loin.
Par ces quelques techniques choisies parmi d'autres, nous voulons montrer que chacun peut faire facilement et rapidement des calculs qu'il pensait compliqués et qu'il n'arriverait peut-être jamais à faire de tête.

2.5.1 Quelques techniques

Multiplier un nombre de n chiffres par 1 chiffre.
Nous avons vu la multiplication d'un nombre à 3 chiffres par 1 chiffre, sans retenue lors de la présentation du principe de simplification.

Allié avec le calcul de gauche à droite, et la visualisation, nous pouvons effectuer la multiplication de tout nombre, par 1 chiffre, en prenant en compte les éventuelles retenues.

Par exemple 3 627 x 6
- multiplier 6x3 et placer à gauche
- multiplier 6x6 et ajouter la retenue
- multiplier 6x2 et ajouter la retenue
- multiplier 6x7 et ajouter la retenue

- et on « voit » le résultat 21 762

Cas pratique
Calculer la surface d'un triangle, de base 59 cm et de hauteur 14 cm.
La formule de la surface du triangle est ½ x base x hauteur, soit ½(59x14)

En appliquant le principe de simplification et de commutation, on peut simplifier le problème
en 59x14/2, soit 59 x 7
- multiplier 7x5 et placer à gauche
- multiplier 7x9 et ajouter la retenue
- et on « voit » le résultat 413 cm²

Une autre méthode consisterait à remarquer que 59=60-1 alors, selon le principe de distributivité, 59x7 = (60-1)x7 = 60x7 -1x7, donc
- multiplier 6x7, placer à gauche et adjoindre 0
- retrancher 7
- on « voit » 413

Multiplier un nombre par 11.
Nous avons abordé ce calcul lors de la présentation du principe de visualisation. On écarte les 2 chiffres et on place la somme au milieu. Toutefois ces calculs peuvent comporter des retenues. Le calcul se fait de « gauche à droite », mais en prenant soin d'ajouter les retenues.

Par exemple pour 86 x 11

-   On place le premier chiffre
-   On calcule la somme (8+6) que l'on place au milieu
-   La somme étant supérieure à 10, on ajoute la retenue 8+1, puis on place le chiffre des unités
-   Et on « voit » le résultat 946

Pour un nombre à 3 chiffres qui comporterait des retenues, nous appliquons la même méthode.
Par exemple pour effectuer 674 x 11

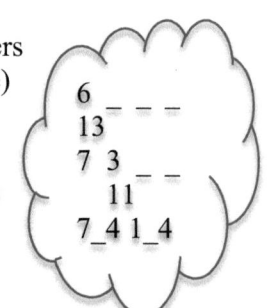

-   On place le premier chiffre
-   On place la somme des 2 premiers (6+7 =13 donc on ajoute la retenue)
-   Puis on place la somme des 2 derniers (7+4=11 en reportant la retenue), et enfin le chiffre des unités (4)
-   Et on « voit » le résultat 7 414

Pour un nombre à 4 chiffres, toujours la même méthode.
Par exemple 5 381 x 11

-   On place le premier chiffre
-   On place la somme des 2 premiers (5+3)
-   Puis la somme des 2 suivants (3+8=11) avec une retenue
-   Puis la somme des 2 derniers (8+1) et enfin on place le chiffre des unités
-   et « voit » le résultat 59 191

Et on peut appliquer la même méthode pour tout nombre multiplié par 11
- on place le premier chiffre
- on place successivement la somme de chaque paire de chiffres
- on place le dernier chiffre.

Il est possible également d'imaginer de placer un chiffre 0 à gauche du nombre, et un à droite. Ainsi dans l'exemple précédent pour  5381, on « voit » 053810, puis la règle consiste à additionner chaque chiffre avec le suivant.

Élever au carré d'un nombre se terminant par 5
Tout d'abord avec un nombre à 2 chiffres
- Multiplier le chiffre des dizaines par le suivant, puis adjoindre 25 à droite

Par exemple : calculer 65^2
- Multiplier 6 par le suivant (6x7)
- Adjoindre 25
- On « voit » le résultat : 4 225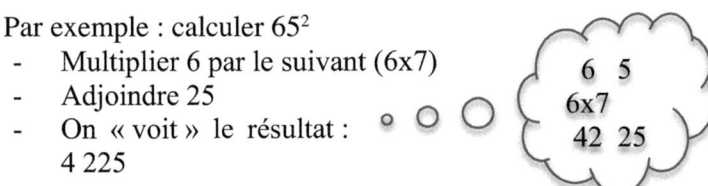

On peut employer la même technique pour un nombre à 3 chiffres se terminant par 5 :
- multiplier le nombre formé avec les 2 premiers chiffres par le suivant puis adjoindre 25

Par exemple : calculer 195^2
- Multiplier 19 par le suivant (19x20 soit 19x2 et ajouter un zéro) puis adjoindre 25
- On « voit » le résultat : 38 025

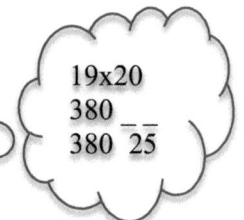

Multiplier 2 nombres de 2 chiffres avec la même dizaine et unités complémentaires
On retrouve le même principe que pour les carrés par 5
- Multiplier le chiffre des dizaines par le suivant
- Adjoindre la multiplication des chiffres des unités

Exemple 76x74
- Multiplier 7 par le suivant (7x8)
- Adjoindre la multiplication des chiffres des unités (6x4)
- Et on « voit » le résultat 5 624

Attention : si les unités sont 1 et 9 alors leur produit est 09 (21x29=609)

2.5.2 Quelques problèmes

La série de questions suivante peut être exécutée, afin de vérifier que vous avez parfaitement compris les méthodes précédemment décrites, et faire quelques exercices d'entraînement.
Ces petits problèmes se résolvent en appliquant les principes de visualisation et de calcul de gauche à droite.

Multiplications par 11
- nombres à 2 chiffres (on place la somme au milieu)

1. 41 x 11

    2.   85 x 11

    3.   76 x 11

    4.   46 x 11

    5.   59 x 11

- nombres à 3 chiffres (on place le premier, puis la somme des 2 premiers, ensuite la somme des 2 derniers et l'unité)

    6.   139 x 11

    7.   556 x 11

    8.   127 x 11

    9.   855 x 11

    10.   270 x 11

- nombres à 4 chiffres (on place le premier, puis les sommes des chiffres suivant, par groupe de 2, et enfin l'unité)

    11.   4316 x 11

    12.   6345 x 11

    13.   8170 x 11

    14.   4893 x 11

    15.   3662 x 11

Carrés se terminant par 5 : (on place le produit du nombre des dizaines par son suivant, et on adjoint 25)

- nombres à 2 chiffres

    16. 55^2

    17. 45^2

    18. 95^2

    19. 75^2

    20. 25^2

- nombres à 3 chiffres

    21. 115^2

    22. 225^2

    23. 205^2

$$24. \quad 145^2$$
$$25. \quad 195^2$$

Multiplication de nombres avec même dizaine et unités complémentaires à 10 : (on place le produit du nombre des dizaines par son suivant, et on adjoint le produit des unités)
- nombres à 2 chiffres
      26.   21 x 29
      27.   72 x 78
      28.   84 x 86
      29.   32 x 38
      30.   26 x 24

Les solutions à ces calculs se situent dans le chapitre « solutions ».

Pour vous entraîner de façon intensive, vous pouvez vous reporter dans le dossier Excel, à l'onglet : « Mise en Appétit » :
- Indiquer, pour le calcul choisi, le nombre de chiffres souhaité
- Cliquer sur le bouton « Proposition » ; le système vous propose un calcul, sans indiquer le résultat.
- Pour obtenir le résultat, il suffit de cliquer sur le bouton « Résultat »

« Tu as vu, la maîtresse n'a pas pris sa calculette pour faire ma moyenne
ça m'inquiète ! »

3   CALCUL USUELS

Les 4 opérations auxquelles nous sommes généralement confrontés sont l'addition, la soustraction, la multiplication, la division (une forme de fraction), auxquelles nous pouvons ajouter les carrés (une forme de multiplication) et les racines.

3.1   Addition

« Dites-moi, combien font 10+11 ? »
« BLACK JACK ! » - Marc Beaudel

Nous commençons par étudier l'addition car c'est le calcul le plus naturel. C'est celui que nous avons appris en premier, dès qu'on a appris à compter, par exemple en manipulant des bûchettes.

Beaucoup de situations, ou de calculs, nécessitent une addition. Par exemple les questions d'argent. Les additions les plus fréquentes de la vie courante concernent généralement des nombres à plusieurs chiffres, de longueurs différentes, avec retenue, et même souvent plusieurs nombres.

3.1.1   Prérequis

Les seuls prérequis pour effectuer toutes les additions de 2 nombres, quel que soit leur taille, sont de

- connaître parfaitement les tables d'addition, de 1 à 10,
- « voir » instantanément les compléments à 10 de tous les chiffres.

Vocabulaire :

Bien que les termes soient peu souvent employés, les nombres qui interviennent dans une addition sont :
- le cumulateur, qui est le nombre de départ, celui auquel on va ajouter un (ou plusieurs) autre nombre,
- l'additif, ou le nombre à ajouter,
- la somme, qui représente le résultat de l'opération.

3.1.2 Technique

L'addition est associative et commutative, on peut donc faire les calculs dans n'importe quel ordre, et grouper les nombres concernés de diverses façons. Il est recommandé de commencer plutôt par les nombres les plus importants et ajouter les plus petits ensuite.

L'addition se fait, comme tous les calculs, de préférence de gauche à droite. Pour l'addition, la méthode de gauche à droite permet tout d'abord d'aller dans le sens de l'écriture, de la mémorisation et de la prononciation. Elle permet également de ne pas devoir réaliser le calcul dans sa totalité. Par exemple j'ai une liste d'achats de plusieurs articles dans un magasin : 75€, 143,90€, 201,50€ et 148,20€, et je dispose d'un budget de 500€. Est-ce que cela passe ou non ?

Si on calcule de droite à gauche, on va d'abord additionner les centimes et les unités, ce qui n'a aucun intérêt. Pour avoir notre réponse, on devra faire le calcul dans son entier. Enfin, plus je vais avancer dans le calcul, plus j'aurai de chances de faire une erreur (par exemple avec les retenues), erreur qui se portera donc sur les chiffres importants. En réalisant l'addition de gauche à droite, j'additionne d'abord les centaines et j'obtiens 400€, ce qui, à ce stade du calcul, ne permet pas de décider. En ajoutant les dizaines, j'obtiens 550€. Je vois que je dépasse déjà d'au moins 50€. Ce n'est pas la peine d'aller plus loin dans le calcul.

Nombres à 1 chiffre

Lorsqu'on additionne plusieurs nombres à un chiffre l'opération peut toujours être décomposée en une séries d'additions sucessives à 1 chiffre :
Par exemple 6+3+5+2+4+7.

- Nous voyons 6+3 =9, et nous retenons 9
- à 9 nous ajoutons 5 et retenons 14
- à 14 nous ajoutons 2 et retenons 16
- ainsi de suite jusqu'au dernier chiffre soit total 27

6	
3	9
5	14
2	16
4	20

La méthode la plus rapide consiste à additionner les unités et garder les dizaines (la retenue) sur les doigts d'une main (voir chapitre 5.1 pour retenir un chiffre sur les doigts d'une main). On additionne et dès que l'on dépasse 10, on ajoute 1dizaine sur la main, et on ne conserve en mémoire que le chiffre des unités pour poursuivre le calcul.

6		
3		9
5	1	4
2	1	6
4	2	0
7	2	7

Nombres à 2 chiffres

Par exemple exécuter 74+23

- On place la somme des chiffres des dizaines (7+2)
- Puis on place la somme des 2 autres chiffres (4+3)
- On « voit » le résultat 97

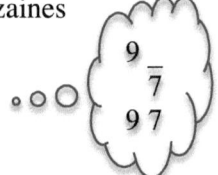

Quelques cas particuliers peuvent simplifier le calcul :
- Cas où l'un des 2 nombres est un nombre « rond ». Par exemple 74+20 : il suffit alors d'ajouter les chiffres des dizaines (7+2) et on « voit » 94
- Cas où l'un des 2 nombres est proche d'un nombre « rond ». Par exemple 74+19 : le nombre 19 étant égal à 20-1, on ajoute le nombre « rond » 20 (voir précédemment) et on enlève 1 : 74+20 =94 et en enlevant 1, on « voit » 93.
- Cas où l'un des nombres se termine par 8. Par exemple 74+18 : 74+20=94 auquel on enlève 2 soit 92.

Nombres à 3 chiffres
C'est exactement la même méthode. Par exemple 632+427

- On place la somme des chiffres des centaines (6+4)
- Puis on place successivement la somme des autres chiffres, 2 par 2 (dizaines 3+2, puis unités 2+7)

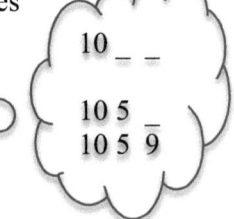

Et on « voit » le résultat 1059

Addition avec retenues
Lorsque la somme des chiffres dépasse 10, une dizaine doit être ajoutée au chiffre précédent (c'est la retenue).
Si lors du calcul, une des sommes est supérieure (ou égale) à 10, on ne reporte que le chiffre de droite et on ajoute 1 au chiffre précédent. Par exemple pour 538+345

- On place la somme des chiffres des centaines (5+3)
- On fait la somme des chiffres suivants (3+4=7)
- On fait la somme des chiffres suivants (8+5=13)
- On ajoute 1 au chiffre précédent (7+1) et on place le 3

Et on « voit » le résultat 883

Astuce

Pour éviter d'écrire un chiffre, puis de devoir ensuite ajouter la retenue, Il suffit « d'anticiper » le calcul suivant. Avant d'écrire chaque chiffre, il faut « voir » si la somme suivante sera supérieure à 10. Dans l'exemple précédent :

- Au moment de placer le 1er chiffre (8), on « voit » que la somme suivante ne sera pas ≥ 10 (3+4), donc on place le 8
- puis, au moment de placer le 2ème chiffre, on « voit » que la somme suivante sera ≥ 10, donc on place directement 7+1, soit 8
- On place enfin l'unité de la somme des derniers chiffres

Nombres de longueurs différentes

La méthode ne change pas. On calcule de gauche à droite, ce qui permet de placer directement les chiffres qui n'ont pas de correspondant, puis on fait le calcul comme précédemment. Par exemple 17348+127

- On place d'abord les chiffres sans correspondant (17)
- Puis la somme des 2 chiffres suivants (3+1)
- Puis les 2 suivants (4+2=6), mais on « voit » que l'addition suivante (8 et 7) sera ≥10, donc on ajoute la retenue, soit 6+1=7.
- Enfin on place le chiffre des unités de la somme des derniers chiffres (le 5 du 8+7).

Ce qui donne 17 475.

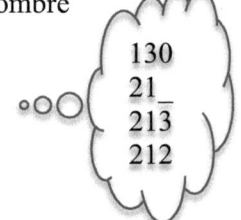

Nombres proches d'un nombre « rond »

Il est possible de « s'appuyer » sur ce nombre rond pour faire le calcul.

Par exemple 129+83

- Nous allons nous appuyer sur le nombre 130
- On y ajoute 80 puis 3, et on « voit » ainsi 213
- Comme nous avons utilisé 130 au lieu de 129, il suffit maintenant de retrancher 1, pour obtenir 212

Nombres importants

Pour additionner 2 grands nombres, on appliquera toujours la même technique, en calculant de gauche à droite et en écrivant les chiffres au fur et à mesure (après avoir anticipé la somme suivante pour la retenue éventuelle).

Par exemple 17 358+32 167

On place un à un les sommes des chiffres de gauche à droite :

- 1+3=4 – sans retenue
- 7+2=9 – sans retenue
- 3+1 =4 mais avec la retenue suivante =5
- 5+6=11 mais avec la retenue suivante = 12 – on place seulement le chiffre 2 car la retenue précédente a déjà été comptabilisée

$$\begin{array}{r} 4\;\_\;\_\;\_\;\_ \\ 4\;9\;\_\;\_\;\_ \\ 4\;9\;5\;\_\;\_ \\ 4\;9\;5\;2\;\_ \\ 4\;9\;5\;2\;5 \end{array}$$

- Enfin 8+7=15 – on place 5 car la retenue précédente a déjà été comptabilisée.

Pour les grands nombres, afin d'accélérer le calcul, il peut être utile d'utiliser le découpage, par groupes de 2, voire par groupes de 3 chiffres.
Par exemple effectuer 135 643 + 282 138
On peut essayer de « voir » des groupes de 2 chiffres, soit 13 56 43 et 28 21 38, puis de faire rapidement chacune des additions et d'en énoncer le résultat :
- 13 et 28 = 41
- 56 et 21 = 77
- 43 et 38 = 81 soit une somme de 417 781
Pour notre part, nous préférons un découpage par 3 chiffres, un peu plus difficile, mais qui présente l'avantage de maintenir les chiffres selon le découpage naturel par milliers :
- 135 et 282 = 417
- 643 et 138 = 781, soit une somme de 417 781

Additions de plusieurs nombres
Si les nombres sont petits (1, voire 2 chiffres maximum), pour simplifier les calculs et augmenter la rapidité, on peut
- soit grouper les chiffres par groupes de 2 (ou 3) dont la somme vaut 10, puis d'ajouter les groupes, et ajouter ensuite les nombres isolés

- soit commencer par le plus grand, et ajouter ensuite les nombres jusqu'au plus petit
- soit grouper selon la propre logique de chacun
- ou encore : grouper les nombres par groupes de 2 (ou de 3), dont la somme vaut un multiple de 10

Exemple avec la série suivante :
- 41 + 13 + 17 + 25 + 19 + 45
- je « vois » que 41+19 = 60
- que 13+17= 30 (donc 90)
- et que 25+45=70 (donc total 160)

Pour des nombres plus importants, ou en plus grande quantité, nous recommandons la technique vue précédemment pour des colonnes de nombres à 1 chiffre.
- nous effectuons le calcul colonne par colonne.
- dès que le nombre intermédiaire dépasse 10, on mémorise le chiffre des unités obtenu, et on enregistre la retenue (sur les doigts)
- Afin de ne pas avoir à anticiper les retenues, il est possible ici de calculer de droite à gauche et d'écrire les résultats intermédiaires au fur et à mesure.

Conseils

Dans un premier temps, surtout pour des additions avec des séries et des nombres importants, il peut être préférable de positionner les nombres à additionner l'un en dessous de l'autre.

3.1.3   *Quelques problèmes*

Une série de calculs pour appliquer les cas présentés et les principes visuels et gauche-droite. Ne pas manquer d'utiliser les nombres ronds, ou proches de nombres ronds. Nombres à 2 chiffres

1.   62 + 10

  2. 22 + 63
  3. 55 + 35
  4. 49 + 76
  5. 98 + 35

Nombres à 3 chiffres
  6. 111 + 346
  7. 316 + 436
  8. 787 + 274
  9. 804 + 547
  10. 164 + 596

Nombres à n chiffres
  11. 2 653 + 5 136
  12.   646 + 3 556
  13. 7 547 + 675
  14. 27 466 + 2 813
  15. 17 996 + 81 365

Pour vous entraîner de façon intensive, vous pouvez vous reporter dans le dossier Excel, à l'onglet : «Additions» :
- Cliquer sur le bouton « Proposition » … le système vous propose alors un calcul, sans indiquer le résultat.
- Pour obtenir le résultat, il suffit de cliquer sur le bouton « Résultat »
- Pour tester des grands nombres (jusqu'à 10 chiffres), indiquer le nombre de chiffres maximum que le système doit vous proposer.

3.2 Soustraction

« Si tu as 10 billes
et que ton ami Mathieu t'en prend une, que reste-t-il ? »
« 10 billes et un cadavre ! »

Dans la vie courante, la soustraction est généralement utilisée pour calculer un reste : stock, compte en banque, monnaie à rendre, ... donc 2 nombres de longueur différente.

Nous ne prendrons pas en compte les nombres négatifs. En effet, nous considérerons que dans les soustractions usuelles, le 1er nombre est plus grand que le second, et qu'ils présentent une différence ≥ 0.

3.2.1   Prérequis

La soustraction étant considérée comme une addition à l'envers, le minimum indispensable est de connaître les tables d'addition.

Vocabulaire :
Bien que portant là aussi des vocables peu employés, les nombres qui interviennent dans une soustraction sont :
-   le diminuende, qui est le nombre de départ, celui auquel on va retrancher un autre nombre
-   le soustracteur (ou diminuteur), soit le nombre à retrancher
-   la différence, qui représente le résultat de l'opération.

3.2.2   Soustraction directe

Si au premier coup d'œil sur cette soustraction on s'aperçoit que la grande majorité des chiffres du 2ème nombre sont inférieurs à ceux du 1er nombre (unité par unité) alors il peut être préférable d'effectuer directement la soustraction, chiffre après chiffre, de gauche à droite.

Par exemple, pour effectuer 8376-2134 :

- On place d'abord la différence des 2 premiers chiffres (8-2)
- Puis celle des 2 chiffres suivants (3-1)
- Puis les 2 suivants (7-3)
- Enfin on place le chiffre des unités, différence des chiffres des unités (6-4)

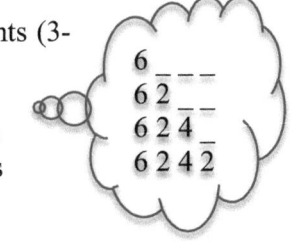

Ce qui donne 6 242.

Cette méthode est idéale lorsque la majorité des chiffres du premier nombre sont supérieurs aux chiffres du 2ème nombre.

Toutefois, pendant ce calcul, on peut facilement tomber sur un chiffre à retrancher plus grand que le premier. Dans ce cas, il faut prendre une sorte de retenue : l'emprunt. J'emprunte 10 à la colonne suivante, comme nous avons appris à le faire en classe primaire. C'est cette opération qui crée souvent les erreurs dans les soustractions.

Cet inconvénient est évité par la méthode des compléments. On transforme les soustractions en additions. C'est beaucoup plus simple et on évite les problèmes d'emprunts (retenues).

3.2.3 Utiliser les compléments

Pour effectuer ces soustractions, nous partons du principe que la soustraction est une addition à l'envers.

C'est une méthode qui facilite grandement le calcul lorsque des chiffres du soustracteur sont plus grands que ceux du nombre initial.

Déterminer le complément

Le complément à 10 d'un chiffre est tout simplement le chiffre tel que la somme des 2 est égale à 10 (voir le tableau ci-dessous). Ce tableau doit être connu par cœur de façon que le complément à 10 de n'importe quel chiffre puisse être restitué sans calcul.

1	pour aller jusqu'à 10	9
2	pour aller jusqu'à 10	8
3	pour aller jusqu'à 10	7
4	pour aller jusqu'à 10	6
5	pour aller jusqu'à 10	5
6	pour aller jusqu'à 10	4
7	pour aller jusqu'à 10	3
8	pour aller jusqu'à 10	2
9	pour aller jusqu'à 10	1

Combien de 34 pour aller à 40 ?

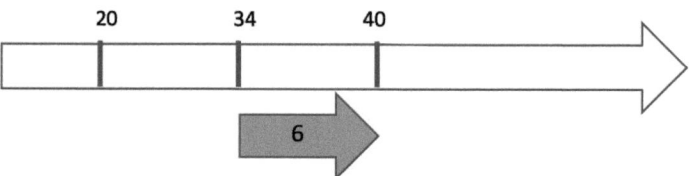

Le complément d'un nombre est sa différence avec un nombre rond, situé entre les 2 nombres à soustraire. Par exemple le complément de 843 à 1000 est 157, parce que 1000 – 843 = 157, ou 843+157=1000.

Comment « voir » le complément d'un nombre : pour chacun des chiffres, de gauche à droite, il suffit d'en prendre le complément à 9, sauf pour le dernier chiffre, pour lequel nous prendrons le complément à 10.
Une règle traditionnelle indienne est : « on retranche tout de 9, le dernier de 10 ».

Appliquons cette règle pour « voir » le complément de 843 à 1000 (combien pour aller jusqu'à 1000 ?) :

- 8 pour aller à 9 = 1
- 4 pour aller à 9 =5
- 3 pour aller à 10 =7
- et on « voit » 157

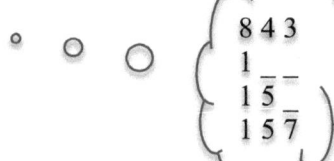

C'est la méthode qui est couramment utilisée pour rendre la monnaie sur un billet de 10, billet de 100€. La mamie qui vend ses légumes au marché de Gaillac procède de cette manière depuis des années : elle « voit » le complément des euros, des centimes et des dizaines de centimes, et elle sait immédiatement que pour 6€35, sur un billet de 10€, elle doit rendre 3€65 (« tout de 9, le dernier de 10 »)

Pour s'entraîner, il est possible de s'amuser à calculer systématiquement la somme que doit vous rendre la caissière, plus vite que sa machine.

On peut également s'entraîner à « voir » systématiquement le complément à 1000 de la plaque minéralogique de la voiture devant nous. Cela peut faire l'objet de petits concours avec les enfants dans les embouteillages.

La soustraction devient une addition

Grâce à cette technique des compléments, on ne fait pas la soustraction, mais on remplace par une addition.

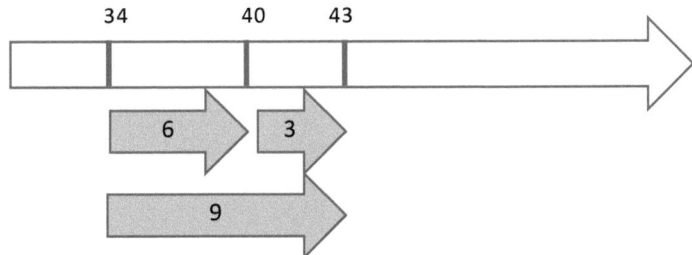

Ainsi, pour effectuer 43-34, :
- nous choisissons le nombre rond intermédiaire 40 à 43
- nous déterminons le complément de 34 à 40
- puis on y ajoute le reste pour aller à 43

Par exemple pour effectuer 123-67
- On choisit le nombre rond intermédiaire proche de 123, soit 100
- On « voit » le complément de 67 pour aller à 100 = 33
- On ajoute le reste par rapport au 1er nombre, soit 123-100 reste 23 (on élimine le chiffre des centaines)
- Et on effectue la somme, soit 33+23=56

Afin de réaliser ces calculs mentalement et rapidement, nous pouvons utiliser 2 approches : soit calculer le reste et y ajouter le complément, soit l'inverse. Nous vous recommandons de retenir la méthode qui donne le calcul qui vous semble le plus simple.

A partir du reste
C'est celle qui nous semble la plus facile. On voit le reste puis on ajoute le complément, en « voyant » les chiffres, au fur et à mesure.

Exemple : 1743 – 825
- le nombre rond retenu est 1000. Le reste est donc 743.
- on voit le 1er chiffre du reste (7), on lui ajoute le complément à 9 du 1er chiffre à déduire (1) 7+1=8
- on prend le 2ème chiffre du reste (4) et le 2ème complément à 9 (7) soit 11, donc une retenue sur le chiffre précédent

-    et ainsi de suite jusqu'aux unités (3) et le complément
     à 10 (5)
Soit le résultat 918

Le nombre rond n'est pas obligatoirement une puissance de
10. Par exemple pour effectuer 7825-5342.
Dans ce cas, le nombre rond choisi peut être le nombre rond
intermédiaire 6000 (le reste est donc 1825). A cela il faudra
ajouter le complément à 6000 de 5342, soit 0658.
-    On « voit » 18+(cplt de 3)6 soit 24 _ _
-    2+(cplt de 4)5 soit 7
-    5+(cplt de 2)8 soit 13, et 83 avec la
     retenue
Soit le résultat de 2483

2 4 _ _
2 4 7 _
2 4 8 3̄

Cette méthode fonctionne très bien aussi
pour des soustractions de nombres importants. Par exemple
pour effectuer 134 736 – 86 432 :
Le nombre rond retenu est 100 000

Cela revient à additionner 34 736 avec le complément de 86
432. On réalise les opérations chiffre après
chiffre, dans l'ordre :
-    3+ (cplt de 8)1 soit 4 _ _ _ _
-    4+ (cplt de 6) 3=7 soit 47 _ _ _
-    7+(cplt de 4) 5=12 soit 48 2_
     _ avec la retenue
-    3+(cplt de 3) 6=9 soit 48 29 _
-    6+(cplt de 2) 8=14 soit 48 304, avec
     les retenues

4 _ _ _ _
4 7 _ _ _
4 8 2̄ _ _
4 8 2 9 _
4 8 3 0 4̄

C'est la plus simple également lorsque le nombre à soustraire est proche du nombre rond. Par exemple
123-96 :
- On enlève le nombre rond, il reste 23
- On voit le complément de 96 à 100 qu'on ajoute

On « voit » le résultat : 23+4 = 27

A partir du complément

Le principe est similaire au précédent, mais on part du complément pour ajouter le reste. Cette méthode est judicieuse lorsque le reste est faible et le complément élevé.

Par exemple pour effectuer 107 - 41
Le complément est plus important que le reste, alors on calcule d'abord le complément et on y ajoute le reste.
- On voit chaque chiffre du complément, l'un après l'autre : 5 puis 9
- On leur ajoute, au fur et à mesure les chiffres du reste : 0 puis 7
- Le résultat est évident : 6 6 (en incluant la retenue)

Ces différentes méthodes (soustraction directe et méthode des compléments) peuvent être combinées en décomposant les nombres en groupes de 2, voire 3 chiffres.

Sur le premier groupe, nous appliquerons la méthode des compléments.
Les autres groupes seront déterminés de manière que le premier nombre soit supérieur au second, ceci afin d'exécuter la soustraction directe.
Par exemple, reprenons l'exemple précédent 134 736 – 86 432
Pour le 1er groupe, en plus du 1er chiffre, nous retenons tous les chiffres tant que le 1er est inférieur au second, soit 3 et 8, puis 4 et 6.

Pour les autres groupes, nous maintenons le 1er nombre supérieur au 2ème, et retenons 736 et 432.
-   calcul du 1er groupe : 134 – 86, soit 34 + (cplt à 86) 14 = 48
-   calcul du 2ème groupe : 736 – 432, soit en retranchant chiffre à chiffre 3 0 4, pour obtenir le résultat de 48 304.

3.2.4   *Quelques problèmes*

Cette série d'exercices vous permettra d'expérimenter les méthodes exposées : soustraction directe de gauche à droite, ou addition avec les compléments. Avant chaque question, déterminez, en une seconde, quelle est la meilleure approche.

Nombres à 2 chiffres

1.	39 - 27
2.	58 - 53
3.	60 - 17
4.	51 - 32
5.	83 - 66

Nombres à 3 chiffres

6.	274 - 233
7.	503 - 459
8.	875 - 213
9.	832 - 56
10.	718 - 461

Nombres à n chiffres

11.	917 822 - 6 701
12.	82 769 – 39 305
13.	465 894 – 211 787
14.	8 079 055 – 277 589
15.	947 009 347 – 235 448 251

Pour vous entraîner de façon intensive, sur des nombres de toutes dimensions, vous pouvez vous reporter dans le dossier Excel, à l'onglet : « Soustractions » :
- Indiquer le nombre de chiffres souhaité pour le nombre le plus grand
- Cliquer sur le bouton « Proposition », le système vous propose alors un calcul, sans indiquer le résultat.
- Pour obtenir le résultat, il suffit de cliquer sur le bouton « Résultat ».

3.3 Multiplications

« Ton papa achète 12 bouteilles de vin à 6€50. Combien cela fait-il ? »
« Oh ça fait à peine la semaine ! »

La multiplication génère beaucoup d'appréhension pour les calculs. L'addition (et la soustraction) sont ce que nous avons appris en premier en classe, en même temps que nous apprenions à compter. La multiplication est un processus compliqué, qu'il semble très difficile de réaliser mentalement. Ceux qui savent passent pour des magiciens, ou des phénomènes de foire. Nous allons voir dans ce chapitre que la multiplication peut être simple, et qu'il est assez facile de réaliser mentalement des multiplications qui paraissent surhumaines.

En pratique, dans la vie courante, nous avons rarement affaire à des multiplications de plusieurs nombres, ou de nombres à plusieurs chiffres, mais souvent un nombre de plusieurs chiffres, par un nombre de 1 ou 2 chiffres. Exemples : x12 pour une valeur annuelle, ou pour un achat, quel est le prix de 4 boîtes, de 15 ramettes de papier, de 18 sacs de ciment, … ?

Nous avons donc classé les méthodes en fonction du nombre de chiffres du multiplicateur, et présenté un certain nombre de cas particuliers, qui permettent d'effectuer les opérations encore plus rapidement. Puis nous terminerons par quelques techniques spectaculaires permettant de multiplier facilement des grands nombres entre eux.

3.3.1 Prérequis

Il convient de maîtriser parfaitement les tables de multiplication, du moins celles de 1 à 10.

Formules de base : la grande majorité des techniques sont basées sur les identités remarquables. Cependant il n'est pas nécessaire de les connaître pour appliquer les méthodes et astuces que nous développerons.
Les calculs s'effectuent, là encore, de façon visuelle, et principalement de gauche à droite.
Les multiplications générant souvent des produits comportant de nombreux chiffres, il est nécessaire d'identifier l'ordre de grandeur avant de placer les premiers chiffres à la gauche du produit.
Conseil : remplacer les unités non encore calculées soit par des 0, soit par tout autre signe qui vous convient (pour ma part, je mets soit des _ _, et parfois des 00). Les 0 permettent plus facilement de conserver l'ordre de grandeur du résultat.

Vocabulaire :
Les nombres qui interviennent dans une multiplication sont :
- le multiplicande, qui est le nombre de départ, celui qui servira de base à l'opération
- le multiplicateur, qui est le nombre par lequel on va multiplier le premier
- le produit, qui représente le résultat de l'opération.

3.3.2   Multiplicateur à 1 chiffre

Multiplicande à 1 chiffre
Ex. 8 x 4
Ces multiplications correspondent aux tables de multiplications, que nous sommes censés connaître par cœur.

Multiplicande à 2 chiffres
- Ex. 38 x 4
- Il faut effectuer le calcul de gauche à droite, puis s'habituer à « voir » le résultat instantanément.
- Ex. je vois 3x4 = 12 0 mais simultanément je « vois » la multiplication suivante qui sera 32, donc j'ajoute immédiatement la retenue, et je « vois » 15 0 et enfin le résultat 152.

Multiplicande à n chiffres
On effectue l'opération de gauche à droite toujours, en consolidant les résultats intermédiaires. Dès le premier calcul, on estime la « longueur » du nombre, et on identifie les différentes positions (unités, dizaines, milliers, …). On peut utiliser un symbole quelconque pour cette identification (par exemple le signe _).

Le produit peut être effectué chiffre par chiffre : par exemple 6327 x 4
- 6 x 4 = 24, milliers, donc suivis de 3 chiffres donc 24 000
- 3 x 4 = 12 soit 25 200 avec la retenue (1)
- 4 x 2 = 8 soit 25 280
- 4 x 7 = 28 soit 25 308 avec la retenue (2)

Il peut être judicieux de grouper le multiplicande par 2 chiffres ou plus. Par exemple 7 417 x 3
Par groupes de 2 chiffres 74 17
-   74 x 3 : 222 00
-   17 x 3 = 51, soit le produit 22 251

Les groupes peuvent être déterminés afin de limiter les retenues. Par exemple 628 271 x 3 :
Soit par groupes de 2 : 62 82 71
-   62 x 3 = 186 0000
-   82 x 3 = 246 soit, avec la retenue 188 46 00
-   71 x 3 = 213 soit, avec la retenue 188 48 13 (1 884 813)

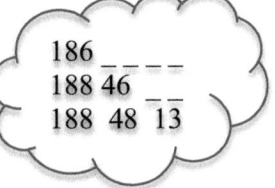

Soit par groupes différents : 6 28 27 1
-   6 x 3 = 18 00 00 0
-   28 x 3 = 84 soit 18 84 000
-   27 x 3 = 81 soit 18 84 810
-   et je place 3, soit 18 84 81 3 (1 884 813)

Multiplications enchaînées de plusieurs nombres
Les calculs sont réalisés un par un, les uns après les autres. L'ordre de calcul doit être choisi de façon à créer des sous-produits faciles à utiliser. Par exemple 6 x 2 x 3 x 5
-   6 x 2 x 3 x 5 = (2×5) x (6×3) = 10 x 18 = 180

Le calcul dans la séquence initiale donne des sous-produits moins faciles à utiliser : (6 x 2) x (3 x 5) = 12 x 15 = ????

Une multiplication en série avec des nombres à plusieurs chiffres sera effectuée de la même manière. Il faudra généralement utiliser des méthodes combinées pour effectuer les différents calculs. Nous ne développerons pas d'exemple, laissant au lecteur entraîné le soin d'envisager lui-même ce type de calcul.

Toujours pour occuper les enfants dans la voiture : calculer le produit des chiffres de la plaque minéralogique de la voiture devant nous.

3.3.3 Multiplicateur à 2 chiffres

Dans le cas général, 3 méthodes de base peuvent être utilisées pour faire ces multiplications.

Multiplicande à 2 chiffres
Distribution, ou multiplication croisée
Supposons que nous ayons à multiplier 34 par 78.
En géométrie, nous pourrions calculer la surface d'un rectangle de 34 de largeur et 78 de longueur.

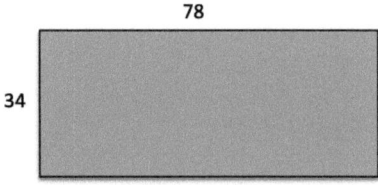

Il est possible de décomposer cette surface en 4 rectangles distincts :

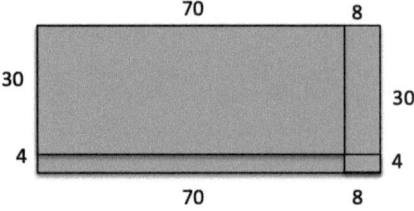

La surface du rectangle initial est égale à la somme des surfaces des 4 sous- : rectangles, soit

- 70 x 30= 2100
- 70 x 4 = 280
- 8 x 30 = 240
- 8 x 4 = 32
- soit un total de 2 652

C'est la méthode qui est traditionnellement utilisée pour faire les multiplications, à la différence près que les calculs sont posés et réalisés de droite à gauche et en décomposant chaque sous-calcul : d'abord 8 x 34, puis, avec un décalage d'une dizaine sur la gauche, 7 x 34, et enfin l'addition.

```
      3 4
  x   7 8
    2 7 2
  2 3 8 .
  2 6 5 2
```

Nous allons utiliser ces mêmes principes. Les multiplications et additions sont commutatives, 7 x 4 est équivalent à 4 x 7, et 32 + 240 est équivalent à 240 + 32. Nous effectuerons donc l'opération de gauche à droite, mentalement, en effectuant les additions les plus importantes en premier, et en indiquant directement le résultat, sans poser d'opérations intermédiaires.

Nous appliquerons la méthode dite de la multiplication croisée.

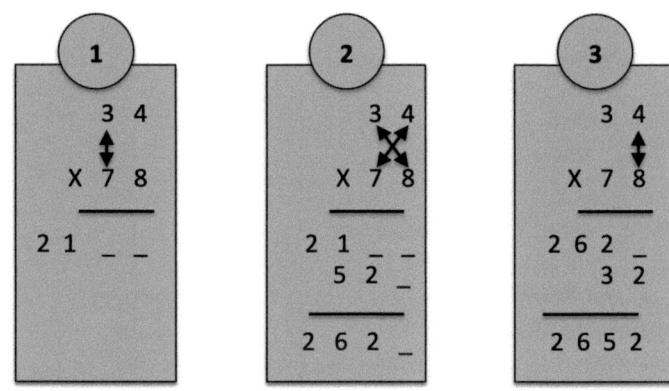

- 1er temps : nous multiplions les dizaines, pour obtenir le nombre de centaines, soit 3 x 7 = 21 00
- 2ème temps : nous multiplions les dizaines avec les unités, pour obtenir le nombre de dizaines, soit 3 x 8 = 24, plus 4 x 7 = 28, soit 24 + 28 = 52, que nous ajoutons au résultat précédent, pour obtenir 262 dizaines (en prenant en compte les retenues).
- 3ème temps, nous multiplions les unités avec les unités, pour obtenir le nombre d'unités, soit 4 x 8 = 32, que nous ajoutons au résultat précédent, pour obtenir 26 52 (en prenant en compte les retenues).

Nous avons ainsi ramené une multiplication de 2 x 2 chiffres à des multiplications à 1 chiffre, plus des additions.

Autre exemple : multiplier 53 par 68

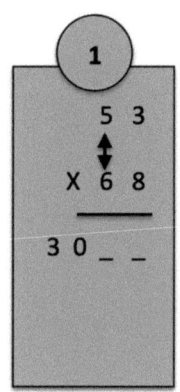 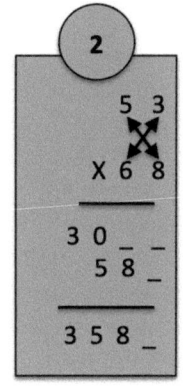 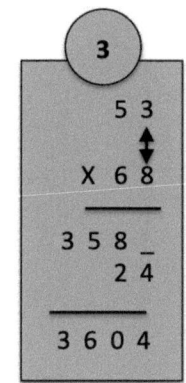

- 1er temps : 6 x 5 = 3 0 00
- 2ème temps : 5 x 8 = 40 (nombre le plus important en premier) puis 3 x 6 = 1 8, soit 58, ajouté au résultat précédent : 3 5 8 0
- 3ème temps : 3 x 8 = 2 4, pour obtenir 3 6 0 8 en prenant en compte les retenues.

Factorisation

La plupart des nombres à 2 chiffres peuvent être décomposés en nombres à 1 chiffre.

Par exemple 51 x 16. Le multiplicateur 16 étant égal à 8 x 2, il est possible de faire l'opération en 2 temps : d'abord 51 x 8, soit 408, que l'on double ensuite, pour obtenir 816.

Autre exemple de décomposition simple : 73 x 12.
On peut considérer que 12 c'est 2x2x3. Il est même plus simple de commencer par les opérations les plus compliquées et finir par les plus simples, donc d'abord x3 puis doubler 2 fois.
Soit 73 x 3 = 219, puis 219 doublé = 438 et 438 doublé = 876

Addition

Dans certaines circonstances il peut être intéressant de transformer une multiplication en addition. Par exemple, pour effectuer la même multiplication 51 x 16. C'est équivalent à 50 x 16 + 1 x 16, soit 800 et 16 soit 816.

Conseil : il existe des situations où une méthode vous semblera plus facile (et plus logique) qu'une autre. Nous vous conseillons, de tester chaque méthode pour différents calculs. Vous serez ainsi à même de déterminer quelle méthode est la plus simple (pour vous) selon les situations.

Multiplicande à n chiffres
La multiplication croisée est la méthode la plus standard.
Par exemple, multiplier 285 par 32.

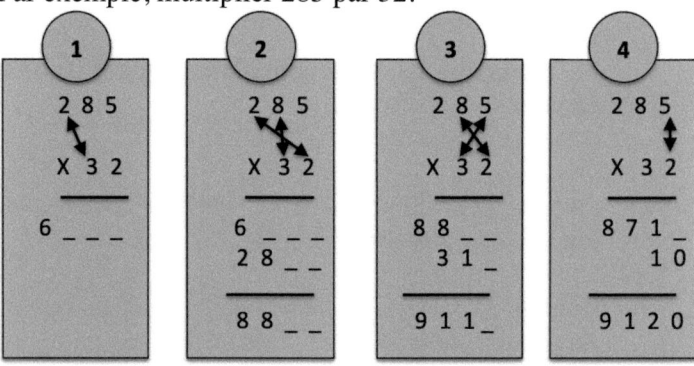

- 1ᵉʳ temps : nous multiplions les premiers chiffres de chaque nombre, soit 2 x 3. Comme il s'agit d'un chiffre des dizaines et d'un chiffre des centaines, le résultat représentera donc le nombre de milliers. C'est pourquoi nous positionnons 3 marques _ _ _ après le nombre 6. Il faudra ainsi réaliser l'opération en 4 temps.

- 2ᵉᵐᵉ temps : nous multiplions les centaines avec les unités et les dizaines avec les dizaines, pour obtenir le nombre de centaines, soit 3 x 8 = 24, plus 2 x 2 = 4, soit 24 + 4 = 8, que nous ajoutons au résultat précédent, pour obtenir 88 centaines (en prenant en compte les retenues).

- 3ème temps : nous multiplions les dizaines avec les unités, pour obtenir le nombre de dizaines, soit 2 x 8 = 16, plus 3 x 5 = 15, soit 16 + 15 = 31, que nous ajoutons au résultat précédent, pour obtenir 911 dizaines (toujours en prenant en compte les retenues).

- 4ème temps : nous multiplions les chiffres des unités entre eux, soit 2 x 5 = 1 0, pour obtenir 9 1 2 0.

Multiplication croisée par groupe de 2 chiffres

Le groupage est la méthode la plus rapide, réservée aux calculateurs possédant une bonne expérience, et capables de calculer très rapidement des multiplications de 2 chiffres par 2 chiffres. Dans ce cas, le multiplicande est décomposé en groupes de 2 chiffres, et ce sont les groupes qui font l'objet de la multiplication croisée.

Reprenons l'exemple précédent, 285 x 32 et décomposons le multiplicande en 2 groupes : 2 (groupe G1) et 85 (groupe G2).

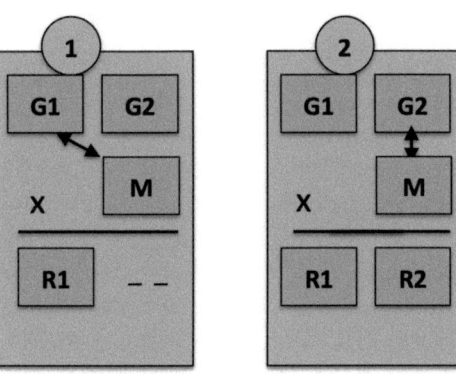

- 1er temps : nous multiplions d'abord le groupe 1 avec le multiplicateur 32 Groupe M. Nous obtenons ainsi R1, le nombre de centaines, soit 2 x 32 = 64 00.
- 2ème temps : nous multiplions les groupes 2 : 3x85 = 255 0, et 2 x 85 = 170, nous obtenons le résultat R2 = 2 7 2 0.

En ajoutant R1 et R2, nous obtenons 64 00 + 27 20 = 9120.

3.3.4   Multiplicateurs à n chiffres

Multiplication croisée

Nous allons utiliser la technique croisée, chiffre par chiffre.
- Multiplions 2 512 x 3 624
- 1er temps : nous multiplions les premiers chiffres de chaque nombre, soit 2 x 3. Comme il s'agit de 2 chiffres de milliers, le résultat représentera le nombre de millions. C'est pourquoi nous positionnerons 6 marques « 0 » après le nombre 6. Il faudra ainsi réaliser l'opération en 7 temps.

Soit 6 000 000

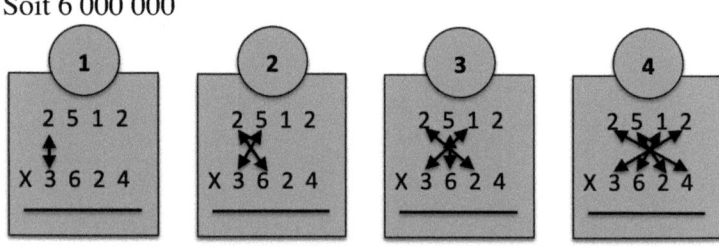

- 2ème temps, en multipliant des milliers avec des centaines on obtient le nombre de centaines de milliers, soit 2x6 + 3x5 = 27. Soit 8 7 0 0 0 0 0 (5 signes 0)
- 3ème temps, en multipliant des milliers avec des dizaines, et des centaines entre elles, on obtient le nombre de dizaines de milliers, soit 6x5 + 2x2 + 3x1 =37. Soit 9 0 7 0 0 0 0 (4 signes 0)

- 4ème temps, en multipliant des milliers avec des unités, et des centaines avec des dizaines, on obtient le nombre de milliers, soit 2x4 + 5x2 + 6x1 + 3x2 = 30. Soit 9 1 0 0 0 0 0 (3 signes 0)

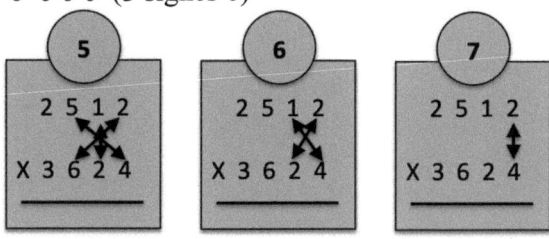

- 5ème temps, en multipliant des centaines avec des unités, et des dizaines entre elles, on obtient le nombre de centaines, soit 5x4 + 6x2 + 2x1 = 34.
  Soit 9 1 0 3 4 0 0 (2 signes 0)
- 6ème temps, en multipliant des dizaines avec des unités, on obtient le nombre de dizaines, soit 2x2 + 4x1 = 8.
  Soit 9 1 0 3 4 8 0 (1 signe 0)
- 7ème temps, en multipliant des unités entre elles, on obtient le nombre d'unités, soit 4x2 = 8. Soit un résultat de 9 1 0 3 4 8 8.

Nous avons choisi ici des nombres générant peu de retenues. Dans le cas contraire, le processus est le même, en n'oubliant pas d'inclure les retenues si nécessaire.

Pour commencer, nous suggérons au lecteur de poser l'opération, puis au fur et à mesure du calcul, d'écrire les chiffres, de préférence de la gauche vers la droite.

Grands nombres ou chiffres élevés
Toutefois, si les nombres ou les chiffres sont vraiment importants, par exemple des nombres à partir de déjà 3 ou 4 chiffres, ou des nombres avec des chiffres élevés, c'est-à-dire comportant une part importante de 7, 8 ou 9, alors, les

retenues deviennent importantes et difficiles à retenir. On peut alors, dans ce cas, faire le calcul de droite à gauche.

Cela est moins spectaculaire, mais permet d'écrire les chiffres du résultat au fur et à mesure, et à ne pas revenir sur plusieurs chiffres déjà écrits, à cause de retenues importantes.

Par exemple, pour réaliser la multiplication 52 432 x 64 271 :

- 1er temps : nous multiplions les chiffres des unités, soit 2x1=2, et on écrit le chiffre 2 à droite.

- 2ème temps : nous déterminons le nombre de dizaines, soit 7x2 + 3x1 = 17.

$$\begin{array}{r} 5\ 2\ 4\ 3\ 2 \\ x\ 6\ 4\ 2\ 7\ 1 \\ \hline ----\ 7\ 0\ 7\ 2 \end{array}$$

On écrit le chiffre 7 et on retient 1 (centaine).

- 3ème temps : nous déterminons le chiffre des centaines, en y ajoutant la retenue, soit 1 + 3x7 + 4x1 + 2x2 = 30. On écrit le chiffre 0 et on retient 3 (milliers).

- 4ème temps : nous déterminons le chiffre des milliers, en y ajoutant la retenue, soit 3 + 4x7 + 3x2 + 2x1 + 4x2 = 47. On écrit le chiffre 7, et on retient 4 (dizaines de milliers).

Et ainsi de suite jusqu'à obtenir le résultat final, soit 3 3 6 9 8 5 7 0 7 2.

Avec un minimum d'entraînement il est rapidement possible de réaliser ce type de multiplication 5 chiffres x 5 chiffres, en moins de 2 mn.

Multiplication croisée par groupe de 2 chiffres
Là aussi, le groupage peut s'avérer une méthode rapide, toutefois réservée aux calculateurs expérimentés. Dans ce cas, le multiplicande et le multiplicateur sont décomposés

en groupes de 2 chiffres, et ce sont les groupes qui font l'objet de la multiplication croisée.

Par exemple pour effectuer 2512 x 3624. Nous ferions des groupes de 2 : 25 12 et 35 24.

- 1er temps : nous multiplions d'abord les groupes des centaines, soit 25 x 36 = 900. Nous obtenons ainsi le nombre de dizaines de milliers. Soit un résultat initial de 9 00 0 000
- 2ème temps : nous multiplions les groupes des centaines avec les groupes des unités, soit 25x24 + 12x36 = 1 032. Donc 1032 centaines à ajouter à notre résultat intermédiaire qui devient 9 103 2 00 .
- 3ème temps : nous multiplions les groupes des unités entre elles, soit 12x24 = 288. Ajoutés à notre résultat intermédiaire qui devient 9 103 488 .

Ici aussi, il peut s'avérer plus simple encore de faire le calcul de droite à gauche, en notant les résultats directement :

- 288, on inscrit 88 et on retient 2
- 1032 + 2 = 1034, on inscrit 34 et on retient 10
- 900 + 10 = 910 que l'on inscrit

3.3.5   Cas particuliers

Il existe de nombreuses situations, où des « trucs » permettent d'effectuer les calculs de façon très rapide, voire spectaculaire. Toutes les démonstrations sont faites ici avec des nombres de 2 chiffres. Les techniques restent complètement identiques avec des nombres de plusieurs chiffres. Nous laisserons le lecteur s'y entraîner.

Nombres de 2 chiffres terminés par la même unité
Il s'agit d'une simplification de la méthode de la multiplication croisée.

1er exemple : effectuer 94 x 54

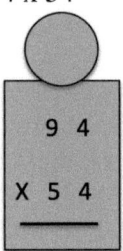

- 1er temps : Nous commençons par multiplier les chiffres des dizaines : 9 x 5 = 45 00
- 2ème temps : 9x4 + 5x4 est identique à (9+5)x4, donc nous allons multiplier la somme des dizaines par le chiffre des unités, soit 14x4 = 56 0, ajoutés au résultat intermédiaire et adjoindre 45 00 + 56 0 = 506 0
- Enfin, 3ème temps : ajouter le carré des unités, soit 4x4=16,

Le produit vaut 5 076.

Second exemple : soit à effectuer 75 x 35 On calcule mentalement :
- 7 x 3 = 21 _ _ centaines ; 7 + 3 = 10 ; 10 x 5 = 50 diz. soit 260 _ en enfin ajouter les unités 5X5=25, soit 2 625.

Nombres qui se suivent

On retient un des 2 nombres, *a*, celui pour lequel le carré est plus facile : carré de *a* auquel on ajoute si l'autre est plus grand, ou carré de *a* duquel on retranche *a* si l'autre est plus petit – voir le traitement des carrés dans le chapitre 3.4

Exemple : multiplication de 41 x 42 :
- On prend le carré de 41 = (1681)
- On ajoute 41, soit 1 722

Exemple : multiplication de 34 x 35 :
- on prend le carré de 35 = (1225)
- on le soustrait, soit 1190.

Nous essayons toutefois de privilégier la solution qui génère des additions à celle qui demande des soustractions.

Nombres dans la même dizaine, et des unités complémentaires à 10

On multiplie le nombre des dizaines par le suivant, puis on adjoint le produit des unités.

Exemple : multiplication de 42 x 48 :
- on prend le produit de 4 x (4+1) soit 4x5 = 20_ _
- on adjoint le produit des unités 2x8=16, soit donc 2016

Autre exemple : multiplication de 77 x 73
- on prend le produit de 7x8 (56) et on adjoint 3x7 (21) soit 5621

Nombres symétriques

Lorsque 2 nombres sont symétriques à un troisième (dont le carré est facile à calculer), et avec un écart pas trop important (une vingtaine maximum), il est possible de calculer sur la base du nombre équidistant

La démonstration théorique est reprise ci-dessous :

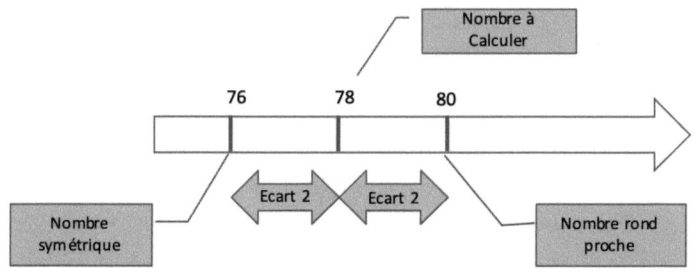

Si les 2 nombres à multiplier sont équidistant d'un nombre a (que nous appellerons nombre miroir), avec chacun un écart b, ils peuvent être écrits sous la forme a-b et a+b.

Leur multiplication est développée de la façon suivante :

$(a-b)x(a+b) : a^2 - b^2$.

La règle simple de calcul devient donc : prendre le carré du nombre miroir choisi et retrancher le carré de la distance.

Quelques applications simples ci-après.

Nombres séparés par 2 unités

79x81 : nombre miroir = 80 donc je « vois » 80^2 (6400) et j'enlève 1^2 (donc 6399.

La méthode la plus simple consiste à élever le nombre du milieu au carré, puis de retrancher 1.

Exemple : multiplication de 36 x 38 :

- on prend le carré de 37, soit 1369
- on retranche 1, soit 1368

Nombres séparés par 4

ex : 32x28 : nombre miroir 30 et distance 2, donc $30^2 - 2^2 =$ 900 – 4 = 894

Ici également il est possible de considérer le carré du nombre équidistant, puis de retrancher 4.

Par exemple : 34 x 38. Le nombre miroir est 36, donc 34 x 38 = 36^2 -4 = 1296 – 4 = 1292

Nombres symétriques à un multiple de 10 (ou miroirs à une dizaine)

On peut aussi facilement multiplier 2 nombres de dizaines successives, avec des unités complémentaires. On prend le carré du nombre de dizaines miroir, auquel on retranche le carré de l'écart à la dizaine.

Par exemple : 68x52. Ici, la dizaine miroir est 60. On prend $6^2 = 36$ avec les 00 soit 3600 et on retranche le carré de l'écart 8, soit 64 donc reste (avec la méthode du complément) 3536.

Par exemple : 73x87 : nombre miroir = 80 donc 80^2 (je vois 6400)– $7^2 = 6351$ (complément de 49 à 400).

Nombres proches

Nous allons nous appuyer sur un nombre « rond », proche des nombres à multiplier

Calculer par exemple 83x91

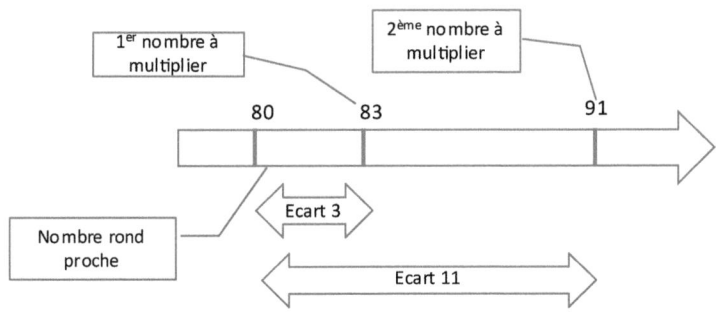

- nous choisissons un nombre rond proche, par exemple ici 80
- les écarts (a et b) entre ce nombre rond et les nombres à multiplier sont respectivement 3 et 11
- nous allons effectuer une première multiplication, 80 x (80+a+b), soit 80 x (80+3+11) = 80 x 94 = 7520
- nous allons ensuite lui ajouter le produit a x b, c'est-à-dire 3x11=33
- nous obtenons 7 553

Si nous choisissons un nombre proche supérieur aux 2 nombres à multiplier, par exemple 100 :
- écarts -17 et -9

- on multiplie 100 par (100-17-9)=100x 74, soit 7400
- on ajoute le produit des écarts, soit 17x9=153, et on obtient bien entendu 7 553

Si nous choisissons un nombre proche situé entre les 2 nombres à multiplier, par exemple 90 :
- écarts -7 et 1
- on multiplie 90 par (90-7+1)=84, soit 7560
- dans ce cas, nous allons retrancher le produit des écarts, soit 7x1=7, et on obtient également 7 553

Cette méthode fonctionne très bien également pour des nombres importants. Par exemple multiplier 308 x 314 :
- nombre rond 300
- écarts 8 et 14
- on multiplie 300 par (300+8+14) =3 00X322, soit 96 600
- puis nous ajoutons le produit des écarts, 8x14=112
- nous obtenons rapidement 96 712

Multiplier par un nombre se terminant par 1
On multiplie par le nombre « rond » et on ajoute le nombre à multiplier
- 63 x 41 = 63 x 40 + 63 = 2520 + 63 = 2583

Multiplier par 2
La multiplication par 2 est sûrement l'opération la plus fréquente. Il suffit de multiplier chaque chiffre (ou groupe de chiffres) par 2, et d'anticiper la retenue si le chiffre suivant est ≥5. Par exemple 14 386 x 2
- 1 4 3   8   6
- 2 8 6→7 6→7 2
- soit 28 772

Multiplier par 4

74

La multiplication par 4 équivaut à doubler 2 fois. Par exemple 14 386 x 4
- 1 4 3 8 6
- 2 8 7 7 2
- 5 7 5 4 4

Multiplier par 5
La multiplication par 5 consiste à multiplier par 10 (en fait ajouter le chiffre 0 à droite), puis à en prendre la moitié, soit la moitié de chacun des chiffres. Exemple 14 386 x 5 :
- 1 4 3 8 6 0
- 0 7 1 9 3 0, soit 71 390

Pour un grand nombre, des groupages par 2 chiffres ou plus peuvent être retenus, en identifiant des groupes dont le dernier chiffre est pair, afin d'éviter les retenues. Par exemple 372 563 246 : on « voit » les groupes, avec le chiffre 0 à droite
- 372/56/32/460, ce qui donne, en prenant la moitié de chaque groupe :
- 186 28 16 230 soit 1 862 816 230
Un calcul de ce type peut facilement être réalisé par un enfant, en démonstration.

Multiplier par 9, par 99
La multiplication par 9 revient à multiplier par 10 et à retrancher le nombre initial du résultat : 245 x 9 = 245 x 10 - 245
Mentalement le calcul est réalisé de la façon suivante :
- On ajoute un 0 à la droite du nombre : ici l'on « voit » 2450
- Puis on retranche 245, selon une des techniques vues au chapitre 3.7
- Nous obtenons ainsi 2205

Multiplier par 99 relève du même principe. Exemple 6 437 x 99 :

Nous remarquons que 99 = 100 - 1

On écrit 6437 ajoutant 2 chiffres 0, puis on retranche 6437, soit

- 6 4 3 7 0 0
- 6 4 3 7
- 6 3 7 2 6 3, soit 637 263

Multiplier par 11 ou par 12

La multiplication par 11 a été traitée dans le paragraphe 2.51 Et on peut appliquer une méthode similaire pour tout nombre multiplié par 12 :

- on imagine d'abord de placer un chiffre 0 à gauche du nombre, et un à droite
- la règle consiste à additionner le double de chaque chiffre avec le suivant
- on place le dernier chiffre.

Il est possible également d'imaginer de placer un chiffre 0 à gauche du nombre, et un à droite. Ainsi pour multiplier 516 par 12, on « voit » 05160, puis la règle consiste à additionner le double de chaque chiffre avec le suivant.

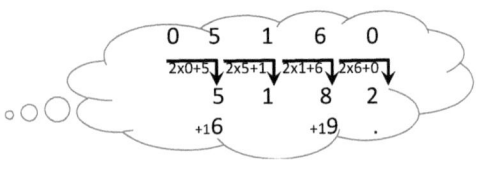

En cas de grand nombre à multiplier par 12, il est possible également de faire l'opération de la droite vers la gauche, et d'écrire les chiffres du résultat au fur et à mesure.

Multiplier par 15

Dans cette situation, nous remarquons facilement que 15 = 10 + 5. Nous allons donc réaliser l'opération en 2 temps, en multipliant d'abord par 10 (il suffit d'ajouter un zéro à droite), puis en y ajoutant la moitié du nombre obtenu.

Par exemple pour effectuer 43 x 15 :
- 1er temps : on ajoute un 0 à droite et on « voit » 430
- 2ème temps : on prend la moitié de ce nombre, soit 215, que l'on ajoute au nombre précédent, et on obtient 645

Multiplier par 25
Nous remarquons facilement que 25 = 100 ÷2. Il suffit donc de multiplier d'abord par 100 (en ajoutant deux zéros à droite), puis à diviser par 4 le nombre obtenu.
Par exemple pour effectuer 43 x 25 :
- 1er temps : on ajoute un 0 à droite et on « voit » 4300
- 2ème temps : on divise par 4 de nombre (ou on en prend 2 fois la moitié) que et on obtient 1 075.

Multiplier par 111
On peut encore appliquer une méthode similaire à la multiplication par 11 :
- on imagine d'abord de placer deux chiffres 0 à gauche du nombre, et deux à droite
- la règle consiste alors à additionner chaque chiffre avec les 2 suivants.

Exemple multiplions 432 par 111. Il faut bien entendu tenir compte des retenues si nécessaire.

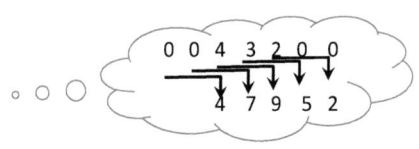

Nombres légèrement supérieurs à 10
Par exemple 12 x 17 : toujours selon une particularité de la multiplication croisée :

- dizaines : on ajoute à l'un des nombres les unités de l'autre : 12 + 7 = 19_, puis on adjoint le produit des unités : 2x7 = 14 soit 204

Nombres légèrement supérieurs à 100
Les 2 nombres sont de la forme 100+a et 100+b. Donc $(100+a) \times (100+b) = 100 (100+a+b) + ab$
Il est ainsi possible d'ajouter les nombres d'unités à 100 $(100+a+b)$ et d'adjoindre ensuite le produit des unités.
- par exemple 108 x 113 =100+8+13 pour les dizaines, soit 121_
- et 8x13 (104) pour les unités, soit 12 204

Nombres de 2 chiffres dont les dizaines sont 9
Soit des nombres légèrement inférieurs à 100. La démonstration est identique au cas précédent : $(100-a)(100-b) = 100(100 -a - b) + ab$
- par exemple 93 x 96 : on prend la différence entre un des nombres et le complément à 100 de l'autre (93-4)=89, (tout comme 96-7=89) donc 89 _ _
- on y adjoint le produit des 2 compléments à 100, soit 7x4 =28 d'où le résultat : 8928

Multiplier des nombres avec des puissances de 10
Les nombres se terminant par un ou plusieurs chiffres 0, peuvent être écrits avec des puissances de 10 : par exemple $700 = 7 \times 10^2$, $34000 = 34 \times 10^3$, Sachant que les puissances s'ajoutent, il est alors facile d'ajouter les chiffres 0.

Par exemple : 700 x 14000 : on ramène à une simple multiplication et des 0 (7 et 2 chiffres 0, 14 et 3 chiffres 0) qui s'ajoutent :
- 7 x 14 : 98
- puis nous plaçons 2 + 3 = 5 chiffres 0, soit 9 800 000

3.3.6   Nombres avec des décimales

Cas général

La méthode consiste à réaliser l'opération en 2 temps :
- 1er temps : on effectue la multiplication (comme vu précédemment), sans tenir compte des décimales
- 2ème temps, on compte le nombre de décimales et on place la virgule

Par exemple 24,1 x 4,2
- 1er temps, en utilisant par exemple la méthode croisée : l'opération 245 x 42 donne 10 290
- 2ème temps, on compte 2 décimales, et on place la virgule à 2 positions en partant de la droite, soit 102,90

Cas où la décimale est 0,5 :

L'opération a x b est équivalente à (ax2) x (b/2), c'est-à-dire doubler un des nombres et prendre la moitié de l'autre. Ainsi, pour réaliser 38 x 7,5 :
- on double le 7,5 et on obtient 15
- on prend la moitié de l'autre facteur 38, et on obtient 19
- l'opération consiste donc à exécuter 19x15, et, en utilisant ici la particularité d'une multiplication par 15 (vue précédemment), nous obtenons 190+95 = 285.

3.3.7   Quelques problèmes

La série d'exercices qui suit vous permettra d'expérimenter les méthodes exposées : toujours calculer de gauche à droite, multiplication croisée, groupages nombres symétriques, nombres proches de 100, 1000, ... Avant chaque question, entraînez-vous à déterminer, en une fraction de seconde, quelle est la meilleure approche.
- multiplicateurs à 1 chiffre
- multiplicande à 1 chiffre (juste pour réviser les tables de multiplication

1. 9 x 7
2. 3 x 4
3. 7 x 3
4. 4 x 9
5. 5 x 4

- multiplicande à 2 chiffres
  6. 12 x 6
  7. 64 x 5
  8. 28 x 6
  9. 29 x 4
  10. 68 x 8

- multiplicande à n chiffres
  11. 796 x 4
  12. 591 x 7
  13. 234 x 6
  14. 5107 x 6
  15. 5582 x 4
  16.
- multiplicateurs à 2 chiffres
- multiplicande à 2 chiffres
  17. 45 x 21
  18. 59 x 19
  19. 53 x 63
  20. 23 x 99
  21. 34 x 26

- multiplicande à n chiffres
  22. 321 x 622
  23. 101 x 407
  24. 792 x 808
  25. 849 x 851
  26. 506,6 x 203

Pour effectuer les multiplications croisées, notamment celles avec plusieurs chiffres, nous conseillons de « poser » les opérations ainsi

```
  3 2 1
x 6 2 2
```

Et d'écrire le résultat chiffre après chiffre, en partant éventuellement de la droite vers la gauche. De cette façon, nous libérons notre mémoire des nombres à multiplier, pour nous concentrer sur le calcul lui-même.

Pour vous entraîner de façon intensive, vous pouvez vous reporter dans le dossier Excel, à l'onglet : « Multiplications» :
- indiquer le nombre de chiffres souhaité pour chacun des nombres
- cliquer sur le bouton « Proposition » - le système vous propose un calcul, sans indiquer le résultat.
- pour obtenir le résultat, il suffit de cliquer sur le bouton « Résultat »

3.4 Carrés

« Rechercher le carré de l'hypoténuse !
Elle avait qu'à faire attention à ses affaires ! » - Titeuf

Les calculs de carrés sont peu utilisés dans la vie courante, mais plutôt en classe, dans des problèmes mathématiques ou physiques. Toutefois la capacité pour un étudiant de les calculer mentalement fait toujours son effet.

Prérequis : maîtriser les tables de multiplication et connaître par cœur tous les carrés des nombres de 1 à 10.

1	2	3	4	5	6	7	8	9	10
1	4	9	16	25	36	49	64	81	100

Il est possible d'y ajouter des carrés faciles à retenir :
- le carré de 11, soit   121
- le carré de 12, soit   144 (ou 12 douzaines, encore appelé une grosse)
- le carré de 13, soit   169
- le carré de 14, soit   196
- le carré de 15, soit   225
- le carré de 20, soit   400

3.4.1 Formule générale

On va utiliser l'identité remarquable donnant la différence de 2 carrés. Cette formule est donnée comme justification de la méthode mais n'a pas besoin d'être connue pour l'appliquer ;
- $a^2 - b^2 = (a + b)(a - b)$, soit $a^2 = (a + b)(a - b) + b^2$
- Pour rendre le calcul facile, il suffit de choisir, pour un des 2 nombres a+b ou a-b, un nombre « rond » et facile à utiliser,
- Le second nombre est déterminé facilement par le fait qu'il est le symétrique (du nombre rond) par rapport au nombre à calculer. Nous l'appellerons aussi nombre miroir.

Tout d'abord on peut « voir » que a est à équidistance entre a-b et a+b.

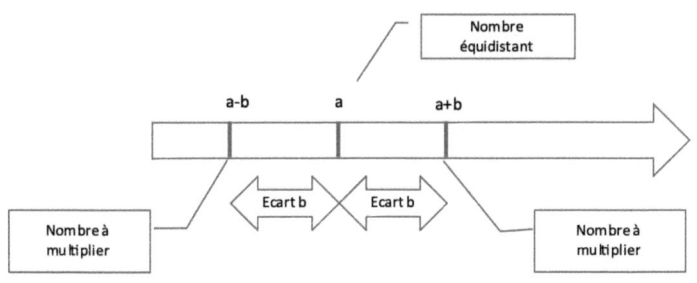

Nombre à calculer (a), nombre rond (a-b), $2^{\text{ème}}$ nombre (a+b), et b=l'écart

Si le nombre rond est au-dessus, les 2 nombres à retenir (nombre rond proche et nombre symétrique) sont inversés.

3.4.2 Nombres à 2 chiffres

Par exemple, pour 43^2 :

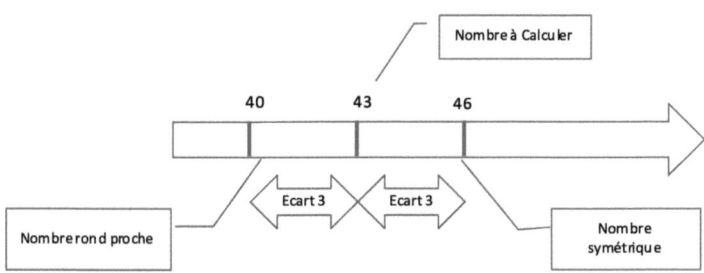

- Le nombre rond proche de 43 est 40, donc je « vois » 4
- Je vois le nombre symétrique (par rapport à 43) donc 46
- En même temps, je « vois » et je retiens l'écart (3)

4×46
3

Cela étant déterminé, le plus gros du travail est fait :

- multiplier les 2 nombres (40 et 46), « voir » 46 x 4, soit 184 _
- adjoindre le carré de l'écart, soit 3 x 3 = 9

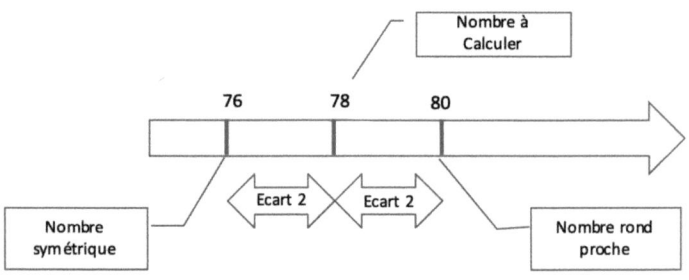

On « voit » le résultat, soit 1 849

Si le nombre rond le plus proche est au-dessus, le schéma est inversé, mais équivalent. Par exemple pour 78^2

Le nombre rond proche est 80, donc je « vois » 8

- je « vois » le nombre symétrique (par rapport à 78) qui est 76
- en même temps, je « vois » et je retiens l'écart (2)

Puis :
- multiplier les 2 nombres (80 et 76), « voir » 8 x 76
- adjoindre le carré de l'écart, soit 2 x 2

On « voit » le résultat, soit 6 084

Si une retenue doit être prise en compte, il ne faut pas l'oublier. Par exemple 54^2

Le nombre rond proche est 50, donc je « vois » 5
- je « vois » le nombre symétrique (par rapport à 54) donc 58
- en même temps, je « vois » et je retiens l'écart (4)

Puis :
- multiplier les 2 nombres (50 et 58), « voir » 58 x 5, soit 290 _
- adjoindre le carré de l'écart, soit 4 x 4 = 16, avec la retenue

On « voit » le résultat, soit 2 916

Une autre méthode pour les nombres à 2 chiffres consisterait à utiliser le principe de la multiplication croisée, pour les lecteurs qui se sentiraient plus à l'aise avec cette méthode.

Le développé donne : $(10a + b)^2 = 100a^2 + 20ab + b^2$

67^2 est équivalent à 67 x 67, soit

- centaines 6x6
- dizaines 6x7 + 7x6
- unités 7x7
- donc carré du premier $6^2 = 36$
- on adjoint le double produit 2x6x7
- puis on adjoint 7^2

soit 4 489

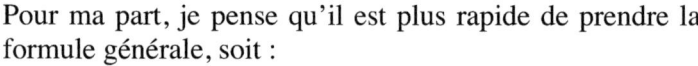

Pour ma part, je pense qu'il est plus rapide de prendre la formule générale, soit :
- nombre rond 70 et écart 3
- 7x64 = 448_ et adjoindre 9, soit 4 489

3.4.3   Cas particuliers

Nombres se terminant par 0
Ce sont des multiples de 10. On calcule alors le carré du nombre formé par les dizaines, et on ajoute 00
Par exemple 120^2 :
- on calcule $12^2 = 144$
- on adjoint ensuite 00, soit 14400

Nombres se terminant par 5
Vu dans le chapitre « 2.5. Pour mettre en appétit »
- on multiplie le nombre de dizaines par le suivant et on adjoint 25. Exemple 115^2
- on multiplie 11 x 12 soit 132_ _
- on adjoint 25 et on « voit » 13 225

Nombres se terminant par 1
On prend le carré du nombre formé par les dizaines, on adjoint son double et on adjoint 1. Par exemple 41^2

- on prend le carré de 4 : 16
- on adjoint le double 2x4
- on adjoint 1
- on « voit » le résultat 1 681

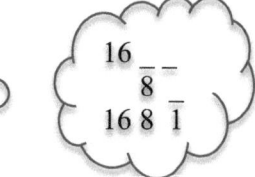

Il faut également tenir compte des retenues. Par exemple 71^2
- on prend le carré de 7 : 49
- on adjoint le double, 14, avec la retenue
- on adjoint 1
- on « voit » le résultat 5 041

Nombres se terminant par 6

On retrouve ici un mixte entre les 2 méthodes précédentes (chiffres se terminant par 1 et ceux se terminant par 5). On multiplie le nombre de dizaines par son suivant, on adjoint son double, puis on adjoint 36. Il faut alors prendre en compte la retenue. Nous conseillons d'intégrer la retenue (3) dès l'étape précédente, en calculant le double. Par exemple 46^2
- on multiplie 4 x 5
- on adjoint le double, avec la retenue 3, soit 2x4 + 3 = 11
- on adjoint 6
- on « voit » le résultat 2 116

Nombres en aa

Le développé donne : $(10a + a)^2 = 100a^2 + 20\,a^2 + a^2$

On retrouve un dérivé de la méthode de la multiplication croisée.

La méthode consiste ici à prendre le carré du chiffre a, d'y adjoindre le double du carré, et d'y adjoindre à nouveau le carré. Par exemple 44^2 :

On prend $4^2 = 16$
- on adjoint le double 2x16=32, avec la retenue
- puis on adjoint à nouveau le carré, 16, avec la retenue
- et on « voit » le résultat 1 936

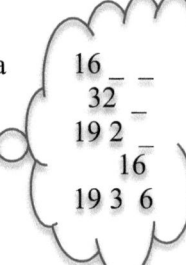

$$16\_\_$$
$$32\_$$
$$19\ 2\_$$
$$16$$
$$19\ 3\ 6$$

Autre méthode
On peut remarquer que le nombre aa² s'écrit
(ax11)² , soit a²x11x11. La méthode ici consiste donc à multiplier le carré du chiffre a par 11, et cela 2 fois.
Conservons 44^2 comme exemple :

- on prend le carré du chiffre des dizaines, soit 16
- on le multiplie par 11, soit 176
- on multiplie à nouveau 11,
soit la suite de chiffre 1 (1+7) (7+6) et 6
qui représente 1 9 3 6

$$1\_6$$
$$7$$
$$1\ 7\ 6$$
$$1\ 9\ 3\ 6$$

Nombres dans la dizaine de 50
C'est 25_ _ plus le chiffre des unités, auquel on adjoint le carré des unités
Démonstration : $(50+a)^2 = 50^2 + 100a + a^2 = 2500 + 100a + a^2 = (25+a)\_\_+ a^2$

- par exemple pour 52^2 : 25 _ _ +2 _ _ et 4, soit 2704
- pour 58^2 : 25_ _ +8_ _ +64 = 3364

3.4.4   Nombres à 3 chiffres

Nous pouvons appliquer la **méthode générale**, avec laquelle nous commençons à être familiers. Le calcul se fait en 2 étapes.

Prenons par exemple 223
Le nombre rond proche peut être 200, et le nombre symétrique est 246
- 1ère opération 200 x 246 = 4 9 2 _ _
- 2ème opération nous calculons 23^2 de la même manière, à savoir 20 x 26 = 5 2 _ plus 3^2, soit 529

Nous ajoutons ce résultat au résultat de la 1ère opération soit
4 9 7 2 9

Les nombres à 3 chiffres peuvent souvent être résolus assez simplement, en combinant la méthode générale avec les cas particuliers de nombres se terminant par 0, 1, 5 …, nombre rond proche, …

Nombre se terminant par 5, par exemple 585^2
- c'est 58x59 auquel on adjoint 25
- soit 58^2 + 58, (58^2 dans la dizaine de 50) donc (25+8)_ _+64 + 58 =3364+58 = 3422

Donc un résultat de 342 225

Nombre se terminant par 5, et chiffres identiques, soit 335^2
- on multiplie 33 par son suivant 34, soit 33 x 34, auquel on adjoindra 25
- on voit que 33=3x11
- on multiplie 34 par 3 soit 102 (de gauche à droite)
- on multiplie 102 par 11, soit 1122

Le résultat est donc 112 225

Nombre se terminant par 1, soit 821^2
- c'est 82^2 auquel on adjoint le double 164_ et 1

- commençons par 82^2 : 8x84 = 672_ plus 4 = 6724_ _
- plus 164_ → 67404_ ,
donc un résultat de 674041

Nombre rond proche, par exemple 987^2
- on retient le nombre proche 1000. L'écart est de 13, et l'autre nombre équidistant est donc 974
- on multiplie les 2 nombres, soit 974 x 1000 = 974 000
- n ajoute le carré de l'écart, soit 13^2 = 169.,
soit le résultat 974 169

Avec un minimum d'entraînement, quelques exercices chaque jour sur notre application, le lecteur peut observer des progrès rapides et significatifs. Avant de travailler les nombres à 3 chiffres, nous conseillons d'obtenir une bonne maîtrise des nombres à 2 chiffres, en « voyant » instantanément la meilleure façon de calculer (méthode générale et cas particulier).

Pour ma part, afin de garder un certain entraînement, et passer le temps dans les embouteillages, je « m'amuse » à calculer mentalement le carré des nombres sur la plaque minéralogique des véhicules devant moi. Ils sont généralement formés de 3 chiffres.

3.4.5 *Nombres à 4 chiffres*

Méthode générale
Pour des nombres à 4 chiffres, il devient difficile d'appliquer la méthode générale, sauf cas vraiment particulier de nombres très proches de nombres ronds.
Le calcul toujours se fait en 2 étapes.

Nous allons procéder de la même façon que le carré d'un nombre à 2 ou 3 chiffres, et appliquer la méthode générale, c'est-à-dire rechercher un nombre rond proche et le multiplier par le nombre symétrique.

Exemple où il est possible d'appliquer la méthode générale : 1952^2
Le nombre rond proche peut être 2000, et le nombre symétrique est 1904. La multiplication par 2000 est simple, et l'écart, 48, sera assez facile à élever au carré
- 1ère opération 2000 x 1904, soit 3808, suivi de 3 chiffres 0 (voir l'estimation du nombre de chiffres chapitre 7)
- 2ème opération nous calculons le carré de l'écart, soit 48^2 de la même manière (50x46 + 4), soit 2304, que nous ajoutons au nombre précédent.

Nous obtenons donc 3 810 304.

Exemple avec un nombre à 4 chiffres : 2482
Le nombre rond proche peut être 2500, le nombre symétrique est 2464 et l'écart est de 18. La multiplication par 25, c'est ajouter deux zéros et diviser par 2 deux fois.
- 1ère opération 2500 x 2464 soit 1232, puis 616, suivi de 4 chiffres (voir l'estimation du nombre de chiffres chapitre 7)
- 2ème opération nous calculons le carré de l'écart, soit 18^2 de la même manière (20x16 + 4), soit 324, que nous ajoutons au nombre précédent.

Nous obtenons donc 616 0324, ou 6 160 324.

Méthode de la multiplication croisée par groupes
L'utilisation de la méthode de la multiplication croisée pour un carré présente l'avantage que les chiffres des 2 nombres sont identiques, avantage que nous allons exploiter.
Reprenons l'identité remarquable $(a+b)^2 = a^2 + 2ab + b^2$, où a et b peuvent être des groupes. Exemple pour 2482 : nous voyons 2 groupes 24 et 82. En fait, a=24 00 et b=82

Cette méthode est d'autant plus intéressante que les groupes présentent des nombres simples à multiplier et à élever au carré.

Pour cet exemple, nous prenons le carré du 1er groupe, suivi de 4 fois le chiffre 0, plus le double produit (suivi de 2 fois le chiffre 0, plus le carré du 2ème groupe :
- $24^2 =$ 576 00 00
- 2x24x82=1968x2=   39 36 00
- $82^2 =$ 67 24

soit   616 03 24

Autre exemple : calculer 4364^2

- carré du 1er groupe $43^2 =$ 1849 00 00
- double produit 2x43x64 =2752x2=   55 04 00
- carré du 2ème groupe $64^2 =$ 4096

soit   total 19 044 496

3.4.6   Nombres à n chiffres

Les carrés des grands nombres sont bien évidemment plus compliqués à calculer. Il est cependant possible d'y arriver, soit en utilisant la méthode générale (combinée avec des cas particuliers), soit la multiplication croisée. Avec des nombres à 4 chiffres, nous pouvons bénéficier de situations où certains cas particuliers peuvent s'appliquer. Si ce n'est pas le cas, bien que s'appliquant également, la méthode générale engendre des calculs intermédiaires qui peuvent être compliqués à retenir mentalement.

Dans ce cas, et pour les nombres au-delà de 4 chiffres, nous conseillons la multiplication croisée. Ainsi que pour les multiplications à plus de 4 chiffres, il sera même préférable de réaliser le calcul de la droite vers la gauche, et d'écrire les chiffres au fur et à mesure.

Méthode de la multiplication croisée

La méthode de la multiplication croisée présente l'avantage que les chiffres des 2 nombres sont identiques, avantage que nous allons exploiter :

4364^2 = 4364 x 4364.

- 1er temps : nous prenons le carré du 1er chiffre. Comme il s'agit du chiffre des milliers, le résultat indiquera le nombre de millions. les premiers chiffres de chaque ne résultat représentera le nombre de millions, que nous matérialisons par un nombre équivalent de signe « _ ».

Soit 16 _ _ _ _ _ _ dans le cas présent.

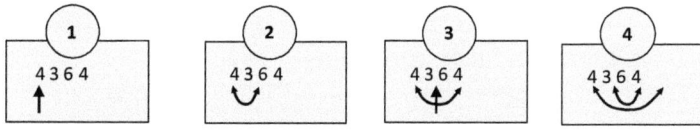

- 2ème temps, en multipliant 2 fois le chiffre des milliers avec celui des centaines (2 x 4x3), on obtient le nombre de centaines de milliers,
- 3ème temps, en multipliant 2 fois le chiffre des milliers avec celui des dizaines (2 x 4x6) et en y ajoutant le carré du nombre des centaines (3^2), on obtient le nombre de dizaines de milliers,
- 4ème temps, en multipliant 2 fois le chiffre des milliers avec celui des unités '2 x 4x4) et en multipliant 2 fois le chiffre des centaines avec celui des dizaines (2 x 3x6),, on obtient le nombre de milliers,

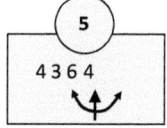 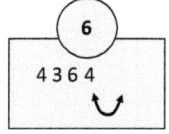 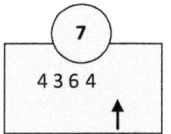

- $5^{\text{ème}}$ temps, en multipliant 2 fois le chiffre des milliers avec celui des unités (2 x 3x4) et en y ajoutant le carré du nombre des dizaines (62), on obtient le nombre de milliers,
- $6^{\text{ème}}$ temps, en multipliant 2 fois le chiffre des centaines avec celui des unités (2 x 6x4), on obtient le nombre de dizaines,
- $7^{\text{ème}}$ temps, en ajoutant enfin le carré du chiffre des unités (4^2), on obtient le nombre d'unités

Sur notre exemple $4364^{2,}$, la méthode donne donc :
- 1er temps : carré du premier 16
- $2^{\text{ème}}$ temps : double de la multiplication des 2 premiers : (4x3) x2 soit 24
- $3^{\text{ème}}$ temps : puis on prend les 3 suivants (4 3 6) : double de la multiplication des externes : (4x6) x 2, plus carré du milieu soit 48+9=57
- $4^{\text{ème}}$ temps : Puis on prend les 4 suivants (4 3 6 4) : double de la multiplication des externes (4x4) x 2 = 32, plus double de la multiplication des internes (3x6) x2 = 36, soit 68, (il est possible d'additionner d'abord avant de doubler, soit (4x4)+(3x6) = 34, ensuite doublé = 68)
- $5^{\text{ème}}$ temps : On continue avec les 3 suivants (3 6 4) : double de la multiplication des externes : (3x4) x 2, carré du milieu soit 24+36=60
- $6^{\text{ème}}$ temps : Puis double de la multiplication des 2 derniers (6x4) x2 = 48
- $7^{\text{ème}}$ temps : carré du dernier, soit 16

16
24
184
57
1897
68
19038
60
190440
48
1904448
16
19044496

Avec un peu d'entraînement, c'est la méthode qui nous donne les résultats les plus rapides et les plus sûrs. Il est même possible d'appliquer ensuite la même technique pour des nombres plus importants. Pour faire cette opération, nous conseillons toutefois, dans un premier temps, d'écrire les chiffres du résultat de droite à gauche, en incluant les retenues. Il sera plus tard possible de calculer de gauche à droite, d'écrire directement les chiffres définitifs, en corrigeant avec les retenues au fur et à mesure.

3.4.7   Quelques problèmes

Une petite série juste pour appliquer les cas vus et les principes appliqués ici :
- Visualiser
- Utiliser les nombres ronds proches
- Appliquer les cas particuliers, terminaison par 0, 1, 5, 6 , en aa

Nombres à 2 chiffres

1.	31^2
2.	40^2
3.	81^2
4.	55^2
5.	83^2
6.	56^2
7.	47^2
8.	74^2
9.	66^2
10.	89^2

Nombres à 3 chiffres,

11.	740^2
12.	811^2
13.	807^2
14.	445^2
15.	297^2

Un défi, pour s'amuser ?

> 16. 1234^2
> 17. 5263^2

Pour vous entraîner de façon intensive, vous pouvez vous reporter dans le dossier Excel, à l'onglet « Carrés» :

1. Choisir carrés à 2 chiffres, à 3 chiffres ou plus (maximum 6)
2. Cliquer sur le bouton « Proposition » - le système vous propose un calcul, sans indiquer le résultat.
3. Pour obtenir le résultat, il suffit de cliquer sur le bouton « Résultat »

3.5 Divisions

> *« Comment on divise 13 pommes en 4 personnes ? »*
> *« On fait une compote !»*

On termine avec la division car c'est la plus difficile des opérations ? C'est l'inverse de la multiplication, on ne connaît pas les tables de division ! On se raccroche à la multiplication. Au lieu de faire 72/9, on dit : en 72 combien de fois 9, et on se connecte mentalement sur la table de multiplication. C'est le mode de pensée qui est devenu quasiment naturel.

Dans la vie courante, la division est principalement utilisée pour des partages, entre un nombre de personnes, donc généralement des divisions par un nombre à 1 chiffre, ou par 12 pour calculer une valeur mensuelle à partir d'une valeur annuelle.

Nous allons tout d'abord considérer des divisions avec nombres et résultat entiers. La division avec décimales fera l'objet d'un chapitre particulier.

3.5.1 Prérequis

Bien entendu il est indispensable de maîtriser au minimum les tables de multiplications (de 2 à 9).
Les calculs s'effectuent, là encore, de façon visuelle, et systématiquement de la gauche vers la droite.

Vocabulaire :
Les nombres qui interviennent dans une division sont :
-   le dividende, qui est le nombre de départ, celui qui servira de base à l'opération
-   le diviseur, qui le nombre par lequel on va diviser le dividende
-   le quotient, qui représente le résultat de l'opération.

3.5.2 Règles de divisibilité et reste

*Racine numérique (*encore appelée résidu*)* : déterminer la racine numérique d'un nombre consiste à additionner ses chiffres, autant de fois que nécessaire, pour aboutir à 1 seul chiffre restant.

Le résultat peut être obtenu en 1 opération, ou en plusieurs.
-   34 : 1 opération : 3+4 = 7
-   413 : 1 opération : 4+1+3 = 8
-   834 : 2 opérations : (1) 8+3+4 = 15, puis (2) 1+5 = 6
-   8 687 856 : 3 opérations : (1) 8+6+8+7+8+5+6 = 48, puis (2) 4+8 = 12, et enfin (3) 1+2=3

Le résidu 9 est égal au résidu 0. Si donc, en cours de calcul, des calculs intermédiaires fournissent un multiple de 9 évident, ils peuvent être remplacés par « 0 ».

Exemple 191 227 632 : les ensembles 9, 2+7 et 6+3 peuvent être remplacés par 0. Il reste donc 1+1+2+2=6

De même, lorsque des calculs intermédiaires fournissent un nombre supérieur ou égal à 9, il peut être remplacé par son résidu.

Par exemple pour déterminer la racine du nombre 253 471. Nous additionnons mentalement 2, (+5) 7, (+3) 10, que nous remplaçons immédiatement par le résidu de 10 soit 1, puis on continue 1, (+4) 5, (+7) 12, remplacé par 3, puis (+1) 4, ce qui donne le résultat.

Cette notion sera utilisée ultérieurement, notamment pour la divisibilité par 3, 9, ou pour effectuer la preuve par 9.

Notion de modulo

On écrira $a \bmod(n)$ pour représenter le reste de la division de a par n. Dans un souci de simplification, nous nous limiterons aux cas où a et n sont des nombres entiers. Un modulo équivaut donc à la différence entre "a" et la multiplication de la valeur tronquée du quotient de "a" par "n". Cette notion de modulo nous servira beaucoup pour les calculs de dates (voir chapitre 5.4)

Exemples :
-   $9 \bmod(4) \equiv 1$ (9 divisé par 4 donne 2, avec un reste = 1 : 9=2x4+1)
-   $87 \bmod(7) \equiv 3$ (87 divisé par 7 donne 12, avec un reste = 3 : 87=7x12+3)

Remarques :
-   Le reste est toujours 0 si le nombre est divisible !
-   aucun nombre impair n'est divisible par un nombre pair !

Divisibilité et reste

Divisibilité par 2 et reste : divisible si le nombre est pair (se termine par 0, 2 4 6 ou 8), avec reste = 0, non divisible avec reste = 1 si impair.

Divisibilité par 3 et reste : divisible si la somme des chiffres est multiple de 3, ou plutôt résidu multiple de 3 (0, 3, 6 ou 9) reste le même que racine numérique mod(3). Exemple : 127 302 : résidu = 1+0+3+2= 6, donc divisible. Le reste est équivalent à celui du résidu / 3.

Divisibilité par 4 et reste : divisible si les 2 derniers chiffres du nombre sont multiples de 4. Par exemple : 154 724. Les 2 derniers chiffres forment le nombre 24, multiple de 4, donc le nombre est divisible par 4. Le reste est équivalent à celui du nombre formé par les 2 derniers chiffres divisé par 4.

Divisibilité par 5 et reste : divisible si le dernier chiffre vaut 0 ou 5. Le reste est équivalent au chiffre des unités mod(5).

Divisibilité par 6 : divisible si le dernier chiffre est pair ET la somme des chiffres est multiple de 3, ou plutôt le résidu est multiple de 3 (0, 3, 6 ou 9). Exemple : 127 302 : résidu = 1+0+3+2= 6 et pair, donc divisible.

Divisibilité par 7 et reste : désolé, il faut faire la division ! pour le reste également ! Il existe toutefois une règle, mais elle ne semble pas très simple, et on risque vite de l'oublier : algébriquement, $10a+b$ est divisible par 7 si, et seulement si, $a-2b$ est divisible par 7. Par exemple 91 : 9-2x1=7, donc divisible par 7.

Divisibilité par 8 : divisible si le nombre formé par les 3 derniers chiffres est multiple de 8. Pour s'en assurer rapidement, d'abord s'assurer s'il est pair. Si c'est le cas, en prendre la moitié, et voir si le nombre formé par les 2 derniers chiffres de ce résultat est divisible par 4. Exemple : 782 584 : pair et 584/2 = 292 ; 92 est multiple de 4, donc le nombre initial est divisible par 8.

Divisibilité par 9 et reste : divisible si le résidu est 0 ou 9. En cas d'indivisibilité, le reste est égal au résidu.

Divisibilité par 10 et reste : divisible si le nombre se termine par 0. Le reste est équivalent au chiffre des unités.

Divisibilité par 11 : divisible si la différence entre la somme des chiffres de rang impair et la somme des chiffres de rang pair est un multiple de 11. Exemple 13574 : somme des chiffres de rang impair = 1+5+4=10 et somme des chiffres de rang pair =3+7=10, différence = 10-10=0 donc le nombre est divisible par 11. Autre exemple 943 021 750 : 9+3+2+7= 21, 4+0+1+5=10 et 21-10=11 donc le nombre est divisible par 11. Le reste est égal au mod(11) de cette valeur. Exemple 943 021 758 : 9+3+2+7+8= 29, 4+0+1+5=10 et 29-10=19 donc le nombre n'est pas divisible par 11 et le reste = 19mod(11), soit 8.

Divisibilité par 12 : un nombre est divisible par 12 s'il est à la fois divisible par 4 et par 3, donc si le nombre formé par les 2 derniers chiffres est divisible par 4 ET le résidu est multiple de 3. Exemple 1716 : 16 divisible par 4 et résidu = 1+7+1+6=6. Le nombre est donc divisible par 12. Pour le reste, il est peut-être préférable d'effectuer la division.

Divisibilité par 15 et reste : un nombre est divisible par 15 s'il est à la fois divisible par 5 et par 3, donc si le dernier chiffre est 0 ou 5 ET le résidu est multiple de 3. Exemple 6420 : dernier chiffre = 0 et résidu = 6+4+2= 12, et 1+2=3, donc divisible.

Divisibilité par 18 : un nombre est divisible par 18 s'il est à la fois divisible par 2 et par 9, donc si le nombre est pair ET le résidu est 0 ou 9.

Divisibilité par tout nombre : le principe de base de la division consiste à déterminer combien de fois le diviseur se trouve dans le dividende. Il est possible de réaliser l'opération sous la forme d'un enchainement de soustractions. Pour cela nous pouvons enlever (voire ajouter) au dividende des multiples du diviseur, afin d'obtenir des multiples de 10. Si le nombre initial est divisible, alors le résultat/10 l'est aussi. Le nombre de multiples est déterminé pour que le résultat soit un multiple de 10.

Exemple 1 : 1696 est-il divisible par 53 ? Nous pouvons enlever 106 (2x53), il reste donc 1590. Ce nombre/10 (159) est-il divisible par 53. Oui car 159=53x3 (1590=53x30), donc 1696 est divisible par 53. Nous pouvons en déduire le quotient, sachant que nous avons enlevé successivement 2 puis 30 fois le diviseur, soit 32.

Exemple 2 : 23903 est-il divisible par 53 ? Nous pouvons enlever 53, il reste 23850. De 2385 nous pouvons enlever 5x53, soit 265, il reste 212. Nous constatons que 212 est divisible par 53 (4x53). Donc 23903 est divisible par 53. Le quotient est égal à 1 + 5x10 + 4x100, soit donc 451.

Exemple 3 : 6843 est-il divisible par 53 ? Nous enlevons 53, il reste 6790. Nous enlevons 3x53, soit 159 de 679. Il reste 520, qui n'est pas divisible par 53. Donc le nombre initial (6843) n'est pas divisible par 53.

Les nombres premiers

Le but ici n'est surtout pas de faire un exposé sur les nombres premiers, mais de fournir un moyen de s'entraîner, de façon ludique, sur les divisibilités.

Un *nombre premier* est un entier naturel qui admet exactement deux diviseurs distincts entiers et positifs (qui sont alors 1 et lui-même). Le nombre 1 n'est pas considéré comme premier car il n'est divisible que par un seul entier (lui-même). Ainsi un nombre premier n'est divisible par aucun autre nombre premier.

La liste des nombres premiers, jusqu'à 50, comprend :
2 – 3 – 5 – 7 – 11 – 13 – 17 – 19 – 23 – 29 – 31 – 37 – 39 – 41 – 43 - 47

Pour déterminer si un nombre est premier, il suffit de tester sa divisibilité par la suite des nombres premiers. Lorsque le quotient est devenu inférieur au diviseur, il devient inutile de poursuivre les tests. En effet, si l'on poursuit l'opération, le quotient sera lui-même de plus en plus inférieur au diviseur, et ne peut donc être un nombre entier, puisque ceux-ci ont déjà été testés. Cette méthode nécessite cependant de calculer le quotient à chaque fois, ce qui n'est pas le but de l'opération.

Une seconde méthode consiste à estimer préalablement la valeur dont le carré est immédiatement supérieur à nombre à traiter, puis de considérer le nombre premier immédiatement inférieur comme limite de la série de tests.

Exemple : 221 est-il un nombre premier ? Je retiens 256 comme carré immédiatement supérieur car facile à déterminer (carré de 16). Nous testerons donc les règles de divisibilité des nombres premiers jusqu'à 13 (nombre premier immédiatement inférieur à 16).
-    2 ? non car c'est un nombre pair

- 3 ? somme des chiffres (2+2+1) non multiple de 3
- 5 ? ne se termine pas par 0 ou 5
- 7 ? j'enlève 210 (7x30), reste 11 donc non multiple de 7
- 11 ? racine des chiffres de rang pair (2+1) non égale à celle des chiffres de rang impair (2)
- 13 ? j'enlève 130, reste 91. Ce nombre est-il multiple de 13 ? OUI car 91=13x7. Ainsi 221 n'est pas un nombre premier.

Autre exemple 901 est-il un nombre premier ? Le carré immédiatement supérieur est 961 (carré de 31). Nous devrons donc tester jusqu'à 29
- 2 ? non pair
- 3 ? somme des chiffres (9+1) non multiple de 3
- 5 ? ne se termine pas par 0 ou 5
- 7 ? j'enlève 840 (7x120), reste 61 donc non multiple de 7
- 11 ? racine des chiffres de rang pair (9+1) non égale à celle des chiffres de rang impair (0)
- 13 ? j'enlève 780 (13x60), reste 121. Ce nombre est-il multiple de 13 ? non car c'est le carré de 11
- 17 ? j'enlève 750 (17x50), reste 151. Ce nombre est-il multiple de 17 ? Non car 17x8=136 et reste 16 pour aller jusqu'à 151
- 19 ? j'enlève 760 (19x40), reste 141. Ce nombre est-il multiple de 19 ? Non, car 19x7=133, et reste 8 pour aller jusqu'à 141
- 23 ? j'enlève 690 (30x23), reste 201. Ce nombre est-il divisible par 23 ? Non car 8x23=184 et il reste 17 (16+1) pour aller jusqu'à 201
- 29 ? j'enlève 870 (30x29) et il reste 31, qui n'est pas un multiple de 29 ! Ainsi 901 est un nombre premier.

Une saine occupation pour les embouteillages : le nombre sur la plaque minéralogique de la voiture devant est-il un nombre premier. Étant composé de 3 chiffres, il suffit de tester la divisibilité par les nombres premiers jusqu'à 31.

3.5.3 Méthode générale de division

Division par un nombre à 1 chiffre
La méthode générale consiste à calculer de gauche à droite, selon la méthode scolaire que nous avons apprise, mais maintenant sans poser la division.

Rappelons la méthode traditionnelle.
Effectuons la division de 736 par 6. La méthode que l'on nous a enseignée est bien connue et rigoureuse :

- On pose les 2 nombres, le dividende à gauche de la barre, le diviseur à droite,
- On divise chaque chiffre du dividende par le diviseur, l'un après l'autre, en reportant le quotient sous la barre, et les restes sous le dividende.

$$
\begin{array}{c|c}
7\,3\,6 & 6 \\
1\,3\,. & \\
\ \ 1\,6 & 1\,2\,2 \\
\ \ \ \ 4 &
\end{array}
$$

- A la fin de l'opération, nous pouvons lire le quotient 122 et le reste 4

Nous allons procéder mentalement, de la même manière, de gauche à droite.
Par exemple 854÷3 :
- On divise le 1er chiffre (8), on note le quotient (2) et on retient le reste (2)
- On forme le nombre avec le reste et le 2ème chiffre, soit 25, que l'on divise de la même manière : on pose le quotient 8 et on retient le reste (1)

$$
\begin{array}{cc}
2 & 2 \\
2\,\overline{8} & 1 \\
2\,8\,\overline{4} & 2
\end{array}
$$

- On forme le nombre avec le reste et le 3ème chiffre (14), que l'on divise de la même manière : on pose le quotient 4 et on retient le reste 2.

Afin de gagner du temps dans l'opération, au lieu de diviser chiffre par chiffre, nous recommandons de diviser par groupes dont la division par le diviseur est quasiment évidente.

Par exemple 73569÷6
- Le 1er groupe (73)569, car il est proche de 72, multiple de 6. On note le quotient (12) et on retient le reste (1)
- au reste on adjoint le 3ème chiffre, pour former (15)69, car proche de 12. On note le quotient (2) et on retient le reste (3)
- au reste on adjoint le 3ème groupe, ce qui donne 369, où l'on « voit » le multiple de 6 (366). Le quotient donne donc 61 et le reste 3

Le résultat est donc 12261 et reste 3

Une approche similaire consiste à s'appuyer sur un nombre rond, multiple et proche. Par exemple 738÷3
- On recherche rapidement le nombre rond inférieur à 73, qui est divisible par 3, soit 72. Alors 738÷3 est équivalent à 720÷3 + 18÷3. On « voit » 72÷3 et 18÷3, soit 24 et 6, pour un résultat de 246. Il eut été possible également de faire 750÷3-12÷3, soit 25 et -4, soit 250-4 = 246. C'est au choix selon que l'on soit plus à l'aise avec des additions ou des soustractions.
- Plutôt que de choisir le nombre rond inférieur, il est possible de la même manière de recherche le nombre rond supérieur à 73, qui est divisible par 3, soit 75. Ainsi 738/3 = 750/3 - 12/3 on voit 75/3 et 12/3, soit 250-4=246. On aurait pu faire 750-12, soit 25 et -4, soit 250-4 = 246. C'est au choix selon que l'on est plus à l'aise avec des additions ou des soustractions.

Division par un nombre à plusieurs chiffres
La méthode consiste à reprendre la méthode traditionnelle de la division, mais toujours sans « poser » l'opération. Nous réalisons donc mentalement le calcul traditionnel.

Exemple avec 2065 ÷ 23.
- Nous commençons par nous demander « combien de fois 23 dans 206 ? ». Nous supposons 9, et 9x23=207. La réponse 9 est trop élevée. Nous savons donc que le quotient commence par le chiffre 8.
- 8x23=184, ôté de 206 reste 22
- la seconde opération consiste à diviser 225 par 23. Le quotient 9 semble ici répondre (car 9x23=207).
- Le quotient est donc 89, et le reste 225-207=18

Nous voyons très vite la limite du calcul mental à partir de la division d'un nombre de 4 chiffres par un nombre de 2 chiffres. Au-delà les divisions doivent être traitées de manière traditionnelle, avec papier et crayon, à moins d'être face à un problème qu'il serait possible de simplifier par quelques astuces.

Astuces
1) Ramener à des divisions par des nombres à 1 chiffre, si possible (selon les règles de divisibilité), et diviser par 1 facteur à la fois. Par exemple 1344 ÷ 24 :
- nous pouvons nous apercevoir que 24 = 6x4, et 1344 multiple de 6 (pair ET somme des chiffres 12 multiple de 3).
- 1344 ÷ 24 = 1344 ÷ 6 ÷ 4
- réalisons 1 opération à la fois : 1344 ÷ 6 = 224 puis 224 ÷ 4 = 56

Mentalement, il peut être préférable de commencer soit par les calculs les plus complexes, puis finir par les plus simples, soit l'inverse. Par exemple 612÷18. Nous remarquons que 18 = 2x9, et que 612 est multiple de 2 et de 9 (résidu=0).

Examinons les 2 possibilités :
- soit commencer par 612÷2 = 306 et ensuite 306÷9 soit 34
- soit commencer par 612÷9 = 68 et ensuite 68÷2 = 34

L'option est au choix du lecteur, mais nous considérons, pour notre part, que la première approche, qui consiste à commencer par les petites divisions, est souvent la plus simple à réaliser mentalement. En effet, elle permet de simplifier rapidement le problème.

2) Diviser le numérateur et le dénominateur par un même nombre. Par exemple 918÷27. On s'aperçoit très vite que les 2 nombres sont multiples de 9 (résidu=9), alors nous divisons 918 par 9, et 27 par 9, ce qui réduit le problème d'une division à 2 chiffres à une division à 1 chiffre : 918÷27 = 102÷3, et 102÷3 = 34.

Même principe pour la division 2012 ÷ 24. Ici, nous voyons que les 2 nombres sont divisibles par 4 (2 derniers chiffres multiples de 4). Nous divisons donc les 2 nombres par 4, ce qui ramène le problème à 503 ÷ 6. Nous avons ainsi réduit un problème de division par un diviseur à 2 chiffres à une division par un diviseur à 1 chiffre.
- Ce principe est encore plus simple si les 2 nombres à diviser sont eux-mêmes des multiples d'une puissance de 10. Par exemple 800 000÷400 peut s'écrire $8.10^5 \div 4.10^2$, ce qui est équivalent à $8 \div 4.10^{5-2}$, soit 8 000÷4, soit 2 000.

3) Effectuer la division par groupes de chiffres. En effet, rien n'oblige à faire l'opération chiffre par chiffre. On peut alors diviser par groupes de chiffres.

Par exemple 3 453 936 ÷ 6 on fait des groupes de 1 ou 2 chiffres, multiples proches du diviseur. 34 53 9 36 et on divise chaque groupe par 6, mentalement 34÷6=<u>5</u> reste 4 ; 453÷6=<u>75</u> reste 3 ; 39÷6=<u>6</u> reste 3 et enfin 336÷6=<u>56</u>, soit un quotient de 5 75 6 56.

4) déterminer d'abord le reste. En appliquant les règles de divisibilité, le reste est parfois évident, ou du moins facile à voir.

- Ainsi, au lieu d'effectuer la division, et d'obtenir le reste, on détermine déjà le reste, dans la mesure où il est facile à « voir », puis on le retranche du dividende, afin d'obtenir un nombre divisible, qui rendra l'opération plus simple.
- Par exemple 718÷4 : On « voit » facilement que le reste sera 2 (18 – le multiple de 4 qui est 16). Retranché du dividende, qui devient 716, nous réalisons alors la division 716÷4 et obtenons 179, reste 2.

3.5.4   Cas particuliers

Diviser par 2
- l'opération se fait de gauche à droite en prenant successivement la moitié de chaque chiffre (prenant on compte les retenues). Par exemple 2365÷2 : moitié de chaque chiffre de gauche à droite : 1_1_8_2 et reste 1.

Diviser par 4
- l'opération consiste à diviser 2 fois par 2, donc à prendre 2 fois la moitié. Par exemple 8238÷4 : moitié = 4119, puis à nouveau moitié = 2059

-   Remarque : le reste de l'opération est identique au reste du nombre formé par les 2 derniers chiffres, soit 38 mod(4) ≡ 2

Diviser par 5
-   Il est très simple de multiplier par 2, puis de diviser par 10. Par exemple 1436 ÷5 : 1436x2= 2872, puis 2872 ÷10 = 287,2

Division par 9
Il faut tout d'abord remarquer que toute division d'un reste par 9 donne comme résultat une suite récurrente de ce nombre. Ainsi 1 ÷ 9 = 0,1111111, 2 ÷ 9 = 0,222222, etc..

L'opération peut donc se faire en 2 temps :
-   Dans un premier temps on exécute la division, selon la méthode de division par un nombre à 1 chiffre vue précédemment
-   Lorsqu'il ne reste plus qu'un seul chiffre significatif, il suffit de répéter ce chiffre.

Par exemple 1436 ÷9 :
-   En 14 il va 1 fois, et reste 5
-   En 53 il va 5 fois et il reste 8
-   En 86 il va 9 fois et il reste 5
-   On peut alors répéter le 5 à volonté et l'on obtient 159,55555…

Une autre technique de division par 9, inspirée de la méthode védique, sera traitée au chapitre 5.2.3.

Diviser par 12
-   Ce problème est assez fréquent dans la vie courante, par exemple pour calculer une valeur mensuelle (revenu, dépense, production, …) à partir d'une valeur annuelle.

- Si le nombre est pair ou multiple de 4, on le divisera mentalement par 2, ou par 4, puis le résultat soit par 6, soit par 3.

Diviser par 25
- Selon le même principe que pour la division par 5, nous allons multiplier par 4, de gauche à droite, puis diviser par 100. Par exemple 36 125 ÷ 25 : 36125x4= 144 500, puis 144 500 ÷100 = 1 445

3.5.5   *Division par des nombres fractionnaires*

Combien d'élèves ont souffert en classe avec des divisions impliquant des fractions. Le traumatisme ressurgit à chaque fois. Or les divisions ne sont que rarement justes : le reste est une fraction.

Dans le cas d'une division par une fraction, le problème peut être simplifié en remplaçant la division par une multiplication, moins traumatisante.
Ainsi 36 ÷ 3/4 est identique à 36 x 4/3 ce qui est beaucoup plus facile. Nous faisons d'abord la division (pour traiter ensuite avec des plus petits nombres) : 36÷3=12, puis la multiplication 12x4=48.

Cette situation de division par une fraction se rencontre rarement dans la vie courante. Néanmoins, la technique étant acquise, nous pouvons l'employer pour faire des divisions par des nombres fractionnaires, c'est-à-dire facilement remplaçables par des fractions.
- Par exemple : diviser par 1,5. Ce nombre est équivalent à 3/2. L'opération va donc consister à multiplier par 2/3, soit multiplier par 2 puis diviser par 3.
- diviser par 1,25 (5/4) consiste à multiplier par 4/5

Il peut être utilisé pour calculer une valeur HT. Si la TVA est de 20 %, pour obtenir le prix TTC, il faut multiplier par 1,20 – soit ajouter 20 % (par exemple un article à 85€HT coûtera 85x1,20= 102€TTC.

L'opération inverse est vite plus compliquée : quel est le coût HT d'un article à 115€ ? Il faut ici diviser par 1,20, soit 115÷1,20. Or 1,20 est équivalent à 6/5, donc 115÷1,20 est équivalent à 115x 5/6, soit 625/6=104 et 1/6, ou encore 104,16€, si nous avons besoin de plus de précision.

3.5.6 Divisions avec valeurs décimales

Ce type de divisions se rencontre généralement lors de calculs monétaires.

Dividende et diviseurs entiers, quotient décimal
L'opération se conduit selon la méthode générale. On prendra seulement soin de placer la virgule sur le quotient, dès que l'opération est réalisée sur les chiffres entiers. Puis l'opération se poursuivra jusqu'à épuisement des restes, ou lorsque le nombre de chiffres significatifs a été atteint.

Exemple : effectuons la division 2065 ÷ 6, avec 2 chiffres décimaux.
- Dans 20 il y a 3 fois 6 et il reste 2
- Dans 26 il y a 4 fois 6, et il reste 2
- Dans 25 il y a 4 fois 6 et il reste 1, donc quotient = 344
- A ce moment-là, l'opération sur le nombre entier est terminée. Nous plaçons la virgule «344,» et poursuivons avec le reste 1
- Dans 10, il y a 1 fois 6 et il reste 4
- Dans 40 il y a 6 fois 6 et il reste 4.

Ayant atteint les 2 chiffres décimaux, nous arrêtons l'opération et annonçons le quotient 344,16.

Dividende décimal et diviseur entier

L'opération se fait comme précédemment, en plaçant là-aussi la virgule dès que l'opération a été effectuée sur toute la partie entière du dividende.

Cette situation se retrouve fréquemment au restaurant, quand on veut partager la note entre plusieurs amis. La note arrive, par exemple 97,80€, et nous sommes 4. Nous effectuons l'opération mentalement et rapidement, avant que quiconque ait eu le réflexe de sortir son smartphone, d'afficher la calculatrice, de demander la note exacte, ...

-   Dans 97 il y a 24 fois 4 et il reste 1, et je place la virgule « 24, »
-   Dans 180 il y a 45 fois 4, et il ne reste rien

Donc très vite, nous annoncerons « 24,45€ chacun, sans le service ». Bien entendu, celui qui a sorti son smartphone fera l'opération, et le résultat qu'il annoncera fera son petit effet.

Diviseur décimal

L'opération sera plus simple en considérant un diviseur entier. Pour cela, il suffit de multiplier les 2 valeurs (dividende et diviseur) par la puissance de 10 qui permet de supprimer les valeurs décimales du diviseur. Par exemple $63,25 \div 5,2$.

-   le diviseur possède un chiffre décimal. Il faudra donc le multiplier par 10 pour obtenir un nombre entier.
-   Nous multiplions donc également le dividende par 10,
-   L'opération sera équivalente à $632,5 \div 52$

Elle pourra ainsi être effectuée selon les techniques vues précédemment.

3.5.7   Quelques problèmes

La série d'exercices qui suit vous permettra d'expérimenter les méthodes exposées : appliquer la méthode générale, toujours calculer de gauche à droite, simplifier les opérations dès que possible.

Divisibilités
1. Racine numérique de 3 945
2. Racine numérique de 74 872
3. 43 mod(7)
4. 18 mod(4)
5. 1411 est-il divisible par 17

Divisions par un nombre à 1 chiffre
6. $432 \div 9$
7. $846 \div 3$
8. $7\ 768 \div 4$
9. $94\ 038 \div 3$
10. $367\ 208 \div 8$

Divisions par un nombre à plusieurs chiffres
11. $84 \div 14$
12. $663 \div 51$
13. $645 \div 43$
14. $3765 \div 15$
15. $5304 \div 26$

Divisions avec valeurs décimales
16. $1855 \div 2,5$
17. $298,2 \div 2,1$
18. $65 \div 6$ avec 2 décimales
19. $941 \div 7$ avec 2 décimales
20. $602 \div 51$ avec 1 décimale

Pour vous entraîner de façon intensive, vous pouvez vous reporter dans le dossier Excel , à l'onglet : « Divisions» : Indiquer le nombre de chiffres souhaité pour le dividende et son nombre de décimales (nombre le plus grand), le nombre de chiffres souhaité pour le diviseur et son nombre de décimales, ainsi la nombre de décimales du quotient.

Cliquer sur le bouton « Proposition » - le système vous propose un calcul, sans indiquer le résultat.

Pour obtenir le résultat, il suffit de cliquer sur le bouton « Résultat ».

3.6 Règle de 3

Ah ! la fameuse règle de 3. Celle qui, avec la liste des départements, représentait le fleuron de l'enseignement primaire, et qui a traumatisé des générations d'élèves. N'a-t-on pas vu, il y a quelques années sur un plateau de télévision, un ministre de l'Éducation Nationale, dont par pitié pour lui je tairai le nom, incapable de traiter un petit calcul avec une règle de 3.

3.6.1 Méthodologie

Pourtant cette règle permet de régler de nombreuses questions de proportions, qui font fréquemment partie de nos problèmes quotidiens :
- si ma voiture consomme 6 litres de gasoil aux 100 km, combien dois-je en remettre s'il me reste 140 km à faire (sur autoroute le plein coûterait trop cher !)
- la recette indique les ingrédients pour 6 personnes, et nous ne sommes que 2, ou 8. Comment réaliser le plat avec les bonnes proportions ?

Ce type de problème est à traiter simplement comme une multiplication par une fraction. La démarche est la suivante :
- pour 100 km le véhicule consomme 6 litres,
- quelle est la consommation pour 1 km : on divise par 100

- quelle sera la consommation pour 140 km ? on multiplie par 140.
- nous allons donc multiplier par la fraction 140/100.

La division et la multiplication étant commutatives, on peut réaliser l'opération dans l'ordre que l'on souhaite, selon les simplifications que l'on peut « voir »
- soit on divise, puis on multiplie
- soit on multiplie, puis on divise
par expérience, la division est souvent plus facile à réaliser en premier.

Un premier exemple
La recette de la carbonnade flamande prévoit : 1,5kg de viande de bœuf, 2 cannettes de 25 cl de bière…. Les ingrédients sont indiqués pour 6 personnes, et nous serons 10. Comment réaliser le plat avec les bonnes proportions ?
- tout d'abord, combien pour 1 personne ? nous allons diviser par 6, puis ensuite multiplier par 10 (pour 10 personnes), soit multiplier par 10/6. Je vois que 6 et 10 sont pairs, donc je simplifie et retiens la fraction 5/3
- viande : 1,5kg x 5/3 : ici je divise d'abord 1,5 par 3 (0,5) puis multiplie par 5, soit 0,5x5= 2,5kg de viande.
- bière 2 cannettes x 5/3 : je préfère ici effectuer la multiplication en premier, soit 2x5 (10) puis divise par 3, soit 10/3 (3,33)… Il faut donc arrondir. Pour ma part, je prends 4, je verse 3 cannettes et 1/3 de la 4ème dans la cocotte, puis je bois le reste en surveillant la cuisson.

Un second exemple
Je désire repeindre mon salon, dont la surface des murs fait 42m^2. Je suis devant le rayon du magasin de bricolage La notice sur le pot de peinture de 2,5 litres me dit que le pot couvre 7 m^2, combien de litres ai-je besoin ?
- 2 ,5 x 42/7,

- je « vois » que 42 est multiple de 7, alors je vais diviser d'abord 42/7
- le résultat : 2,5x6 = 15 litres.

3.6.2   Quelques problèmes

1. Une chaîne de production automobile produit 3 750 voitures par semaine. Combien en produit-elle en 2 jours ?

2. Pour obtenir 100 kg de farine, il faut moudre 120 kg de blé. Combien doit-on moudre de blé pour obtenir 30 kg de farine ?

3. 6 palettes de bières contiennent 648 cannettes. Combien faut-il de palettes pour livrer 432 cannettes ?

« Méthode d'estimation du temps :
Tout travail tend à se dilater pour remplir tout le temps disponible »
Cyril N. Parkinson

4 ESTIMATIONS

Pour les estimations, nous ne nous référerons pas à la Pifométrie. La Pifométrie représente la science de la mesure, souvent personnelle, mais à la fois approximative et très juste. Une unité pifométrique n'a pas de correspondance scientifique avec le système de mesure international (SMI), mais ses équivalences sont largement connues. Par exemple la notion de « giclée » d'huile est une mesure très précise pour un mécanicien, alors que personne ne saurait spécifier combien de ml elle représente. Il en va de même pour une « pincée » de sel pour une cuisinière.

La Pifométrie permet également de mesurer l'imprécision de façon très précise. Par exemple 100 et des « brouettes » sera 100 + quelques dizaines, alors que 100 et des « poussières » ne sera que 100 + quelques dixièmes. De même 100 à un « cheval près » représentera 100 ± quelques dizaines, alors que 100 à un « poil près » sera plutôt 100 ± quelques dixièmes. Il est à noter que cette mesure des écarts est tout aussi précise mais beaucoup plus rapide à déterminer en calcul mental que ne le donnerait une formule mathématique de calcul de ± n écart-types, nécessitant de longues études et des outils de calcul sophistiqués.

Plus sérieusement, les techniques d'estimations nous fournissent des réponses mentales et rapides lorsque la valeur exacte n'est pas nécessaire. Dans la vie réelle, pour une prise de décision, une estimation peut être aussi importante que la valeur exacte d'un calcul. Le terme estimation se réfère aussi bien à la capacité d'estimer une quantité mesurée (longueur, surface, volume) qu'à l'estimation mentale du résultat d'une opération.

Nous donnerons quelques techniques permettant d'obtenir rapidement une estimation d'une longueur, d'une distance, d'une opération, ainsi que la vérification d'un calcul.
Nous reviendrons plus tard (chapitre 5.2) sur les techniques d'estimation de racines carrées, ou cubiques, qui relèvent plus du spectacle que de situations rencontrées dans la vie quotidienne.

4.1 Mesures

Pour estimer rapidement des mesures, sans moyen de mesure, il est intéressant de connaître quelques dimensions de son propre corps. Par exemple :
-   quel point de notre corps se trouve exactement à 1 m du sol (par exemple la pointe de ma hanche), à 1,50m (la pointe de mon épaule),
-   quel pas correspond à 1m,
-   quelle position de mes doigts, main ouverte, correspond à 20 cm,
-   quelle partie de mes doigts mesure 1cm (l'ongle de mon auriculaire) ou 1 pouce, soit 2,5 cm (l'épaisseur de mon pouce)
-   quelle est la longueur de mon pied (en France la longueur du pied correspond à 2/3 de la pointure : ainsi une pointure 42 correspond à 28cm)
-   etc..

4.2 Addition

Est-ce que mon billet de 50€ suffira pour payer mon chariot de courses ?

			Prix	Nombres significatifs	Nombres arrondis
jus citron	2	1,64 €	3,28 €	3	3
café	2	2,68 €	5,36 €	5	5
petits pois	1	2,45 €	2,45 €	2	2
flageolets	1	0,77 €	0,77 €	0	1
sucre vanillé	1	2,25 €	2,25 €	2	2
eau minérale	2	2,30 €	4,60 €	4	5
jus de fruits	1	1,56 €	1,56 €	1	2
semoule	1	0,70 €	0,70 €	0	1
lait	1	3,46 €	3,46 €	3	3
beurre	1	3,92 €	3,92 €	3	4
tomates	2	1,99 €	3,98 €	3	4
œufs	1	3,55 €	3,55 €	3	4
beurre doux	1	2,19 €	2,19 €	2	2
yaourts brebis	1	1,99 €	1,99 €	1	2
yaourts fruits	1	2,96 €	2,96 €	2	3
jambon	1	2,92 €	2,92 €	2	3
lardons	1	1,71 €	1,71 €	1	2

La première méthode consiste à n'additionner que les nombres significatifs, soit par exemple ici les euros. Au fur et à mesure que je remplis le chariot, j'additionne mentalement les euros, soit uniquement les nombres entiers.

Ceci peut se faire simplement : nous obtenons un total de 37€.
Cette méthode est simple et rapide, mais on oublie les centimes, le total peut être fortement sous-estimé.

Nous constatons dans cette liste de prix que les centimes sont répartis de façon à peu près aléatoire, soit certains inférieurs à 50cts, et d'autres supérieurs à 50cts. Une seconde technique consisterait donc à additionner les nombres significatifs, et en considérant que la moyenne des valeurs en centimes est proche de 50cts, on multiplie le nombre d'articles par 50cts, soit 17 articles x 50cts = 8€50, ajoutés aux 37 précédents, nous obtenons 45€50.
En y regardant toutefois de plus près, les centimes ne sont pas répartis aléatoirement et le prix est souvent proche de l'euro supérieur. Ainsi la méthode qui est préférable, consiste à arrondir systématiquement à l'euro le plus proche.

L'addition mentale et rapide des nombres de la colonne de droite nous indique 48€.
Pour information, la somme exacte est de 47,65€.

4.3   Multiplication

4.3.1   Ordre de grandeur

Estimation du nombre de chiffres du résultat
L'ordre de grandeur est souvent nécessaire, lors de calculs importants, afin d'estimer le nombre de chiffres du résultat. En effet, une erreur sur le nombre de chiffres, dans des nombres importants, peut avoir des conséquences désastreuses.

Pour une multiplication, il faut tout d'abord déterminer le nombre de chiffres. Ainsi, si on multiplie ensemble un nombre de 3 chiffres avec un nombres de 4 chiffres, chacun combien de chiffres aura le produit ?
- la réponse la plus petite est 100 000 (100x100,) soit 6 chiffres.
- la réponse la plus grande est 9 989 001(999x9999) soit 7 chiffres.

Donc la multiplication d'un nombre à n chiffres avec un nombre à m chiffres contient soit n+m, soit n+m-1 chiffres.

La question à se poser est donc de multiplier les premiers chiffres significatifs, afin de déterminer si leur produit est supérieur ou inférieur à 10. Voyons quelques exemples avec des nombres de 3 et 4 chiffres :
- 243x2864 : les chiffres significatifs sont 2 et 2, soit inférieurs à 3 et 3. Leur produit est donc inférieur à 10 (3x3=9). La réponse est 3+4-1=6 chiffres significatifs
- 361x4832 : les chiffres significatifs sont 3 et 4.. Leur produit est donc supérieur à 10 (3x4=12). La réponse est 3+4=7 chiffres significatifs
- le problème se complique un peu lorsque le produit des chiffres significatifs donne un nombre supérieur à 6 (par exemple 263x3212), et inférieur à 10 (par exemple 318x3212). Dans ce cas, il est nécessaire de pousser l'investigation plus loin et de multiplier non plus le premier chiffre significatif de chaque nombre, mais les 2 premiers. Par exemple la multiplication des chiffres significatifs de 263x3212 sera comprise entre 2,6x3,2 (soit 8,3) et 2,7x3,3 (8,91). La réponse sera donc 3+4-1=6 chiffres.

Pour les grands nombres, il est plus facile d'écrire les nombres à multiplier sous la forme d'une puissance de 10 :

ainsi l'ordre de grandeur de 32 285 serait 30 000, soit 3.10^4. Si l'on souhaite une estimation plus précise, il est possible de l'écrire sous la forme $3,2.10^4$.

L'opération consiste alors à multiplier une forme arrondie des chiffres significatifs (l'un arrondi supérieur, l'autre arrondi inférieur), et à additionner les puissances de 10. Ainsi la multiplication 32 285 x 6 732 peut être écrite sous la forme 3.10^4 x 7.10^3.

Une première approche de l'ordre de grandeur serait donc de 3x7=21, suivi de 4+3 =7 chiffres 0, soit un nombre de 2+7=9 chiffres (très approximativement 210 000 000). Une approche plus fine donnerait 3,2x6,8=21,76 (donc 217 600 000) – le résultat exact est 217 342 620.

Multiplication par des nombres proches
Pour obtenir les chiffres significatifs, il peut être suffisant de multiplier les chiffres significatifs de chacun des nombres, en arrondissant à des valeurs proches, l'une supérieure et l'autre inférieure aux nombres à multiplier, et choisis pour être plus faciles à calculer. Ainsi 58,43 x 204,27 peut être remplacé par 60 x 200, soit 12 000. Le calcul exact donne 11 935,4961.

Pour une estimation plus précise, il est possible de prendre en compte 2 chiffres significatifs. Ainsi 85,46 x 108,5 peut être remplacé soit par 90 x 100 (9 000), soit par 85 x 110, soit 9 350 (85x11 et ajout d'un chiffre 0). Le calcul exact donne 9 272,41.

Pour des grands nombres, par exemple 19 324 x 86 675. Nous savons déterminer le nombre de chiffres du résultat, qui sera ici un nombre de 10 chiffres. Pour évaluer les chiffres significatifs, nous pouvons retenir 20 et 85, soit

1700. Notre estimation sera ainsi de 1 700 000 000 (valeur exacte 1 674 907 500).

4.3.2   Quelques conversions courantes

Certaines situations courantes nécessitent de faire un calcul rapide, approximatif, par exemple lors d'un déplacement à l'étranger.

Conversion d'un taux de change
Le problème consiste à convertir une valeur indiquée dans une devise étrangère, en une valeur exprimée en euros. Il s'agit de trouver les opérations ou la fraction proche de la valeur, tout en étant en même temps faciles à traiter. Cette opération consistant à transcrire dans notre référentiel (en euros) le prix d'un produit ou d'un service, il n'est pas nécessaire d'obtenir une valeur exacte.

Quelques exemples,
- lors d'un voyage aux USA, si le taux de change est : 1 US\$=0,93€ (valeur avril 2020), on peut multiplier par 0,9 , donc diviser par 10, puis multiplier par 9, et obtenir 100US\$=90€
- si le taux de la livre en Grande-Bretagne est 1£=1,11€, il est facile de diviser par 10, puis de multiplier par 11, et obtenir 100£=110€
- si le taux du dollar canadien est 1CA\$=0,66€, il est possible de multiplier par 2/3, soit diviser par 3 et multiplier ensuite par 2 et obtenir 100CA\$=66€
- si le taux du dinar tunisien est 1TND=0,30€, en ce cas nous pouvons facilement diviser par 10 et multiplier par 3 et obtenir 100TND=30€
- si le taux du dirham marocain est 1MAD=0,092€, alors on peut diviser par 11 et obtenir 100MAD=9,1€, ou diviser par 100 et multiplier par 9. Ainsi 100MAD=9€.

Bien entendu, c'est au lecteur à déterminer la formule en fonction du cours du moment.

Conversion d'une distance
Un mile correspond exactement à 1,60934 km. Une bonne estimation consiste à ajouter 3/5 de la distance en miles (je multiplie par 3, puis la division par 5 est faite en multipliant encore par 2 tout en décalant d'une dizaine)

Par exemple :
- 241 miles. Je retiens le nombre de dizaines (24) que je multiplie par 3 puis par 2, soit 24 x 3 x 2 = 144. Ajoutés à 241, j'obtiens 385 km. (valeur exacte = 388)
- 118 miles. Je retiens 12 dizaines, puis 12 x 3 x 2 = 72, ajoutés à 118 valent environ 190km (valeur exacte 190)

Conversion d'une longueur
Un yard correspond exactement à 0,9144 M. Une bonne estimation consiste à diviser par 1,1 (soit multiplier par 10 et diviser par 11. Voir pour cela les techniques de division.

Par exemple :
- 120 yards. J'effectue la division 1200÷11. En 12 combien de fois 11 = 1 fois, reste 1. En 10 combien de fois 11 = 0, puis en 100 combien de fois 11 = 9 fois, donc résultat 109
- 65 yards. J'effectue donc la division 650÷11. En 65 combien de fois 11 = 5 fois, reste 10. En 100 combien de fois 11 = 9, donc résultat 59

Plus simple et légèrement moins juste consisterait à multiplier par 0,9. Ceci peut être simplement réalisé soit en divisant par 10 plus multipliant par 9, soit en retranchant 1/10.

Ainsi pour traiter les exemples précédents :
- 120 yards. J'effectue par exemple la multiplication 12 x 9, donc résultat 108
- 65 yards. Dans ce cas, j'effectuerais plutôt la soustraction 65-6,5, soit 58,5.

Conversion d'une température
La conversion exacte d'une température exprimée en degrés Fahrenheit en une température exprimée en degrés Celsius (encore appelés parfois degrés centigrades) consiste à utiliser la formule suivante : $C = (F - 32) \times 5/9$. Ainsi 0°C, correspondant à la température de fusion de la glace correspondant à 32°F.

Il faut réaliser les opérations suivantes : enlever 32, puis multiplier par 5 et diviser par 9, qui revient à multiplier par 0.11.
Exemples :
- 80°F. Je « vois » 80-32=48, multiplié par 5=240 (soit 480÷2), puis 240x0.11= 26,4°C (voir technique de multiplication par 11) – valeur exacte : 26,6°C.
- 65°F. Je « vois » 65-32=33, multiplié par 5=165 (soit 330÷2), puis 165x0.11= 18,1°C – valeur exacte : 18,3°C.

On peut utiliser une autre méthode, plus simple mais très approximative, qui peut être utile à des températures ambiantes, ou en consultant un bulletin météo, là où nous ne sommes pas à 2 degrés près. Elle consiste à enlever 30 degrés et diviser le résultat par 2.
En reprenant les exemples précédents :
- 80°F. Nous soustrayons 30, soit 50, divisé par 2 donne 25°C (pour 26,6°C)
- 65°F. Nous soustrayons 30, soit 35, divisé par 2 donne 17,5°C (pour 18,3°C).

ce qui fournit une approximation suffisante dans de nombreuses situations.

4.4 Pourcentages

Les calculs avec pourcentage sont fréquemment rencontrés dans la vie courante. Par exemple estimer la TVA sur un prix indiqué HT, ou estimer l'intérêt d'une solde, en fonction du pourcentage (20 %, 25 %, 40 %), ou estimer la conséquence d'une augmentation de prix. Dans de nombreuses situations, il n'est pas nécessaire d'obtenir une valeur précise, mais une approximation permettant d'en estimer rapidement l'impact.

Pour effectuer ces estimations, il est, là aussi, nécessaire de maîtriser les tables de multiplication, ainsi que les calculs avec fractions.
Nous pouvons distinguer 2 types de calculs en pourcentages : soit calculer une valeur, soit calculer un pourcentage.

Calculer une valeur.
Ce calcul revient à une multiplication (généralement à 1 ou 2 chiffres), soit par exemple quel va être la TVA appliquée sur un montant qui est annoncé hors taxes ?

Montant HT d'une pièce de rechange : 165€ ; ainsi en appliquant le montant de la TVA (20 %), il faut multiplier par 0,2
- diviser par 10 : 16,5
- puis multiplier par 2 : soit 33€

Prix affiché d'un vêtement : 79€, avec rabais = 30 %, il faut soit multiplier par 0,3 pour obtenir le montant du rabais, soit multiplier par 0,7 pour obtenir directement le prix final.

- valeur du rabais : multiplier 79 par 3 : ici nous "voyons" 80x3-1x3, soit 237, et diviser par 10 pour obtenir 23,70€
- prix final : multiplier 79 par 7 : idem nous « voyons » 80x7-1x7, soit 553, et diviser par 10, pour obtenir 55,30€

Ces calculs étant généralement simples, nous pourrons pour cela déterminer des valeurs exactes. Dans une situation où les nombres seraient plus importants, on peut, dans un premier temps, se contenter d'une estimation, par exemple pour une maison indiquée à 220 000€, et frais d'agence 15 000€, quelle est la valeur des frais de notaire (environ 7,5 % du montant de l'achat) ?
- le montant de l'achat est 220+15 = 235 (mille)
- Je remarque que 0,75=3/4, donc 7,5 % revient à diviser par 10 et multiplier par 3/4
- 235x3=705 (de gauche à droite), et 705/4 (divisé 2 fois par 2), soit environ 175 (mille) divisé par 10 = environ 17 500€

Calculer un pourcentage.
Ce calcul revient à une division. Par exemple, face à un rabais proposé en valeur, il peut être intéressant d'en estimer le % pour comparer avec d'autres propositions.
Prix affiché d'un produit : 79€, et rabais 30€. Bien entendu le montant à payer sera de 49€, mais avec quel pourcentage ? Le rabais est de 30/79, qu'il faudra multiplier par 100.

Il peut être plus simple d'effectuer d'abord la multiplication, pour éviter une division avec des valeurs décimales.
- 30x100 = 3000
- 3000/79 ; en estimation, nous ferons 3000/80 (erreur = 1/80, soit à peine plus de 1 %. En appliquant la

méthode générale de division, nous obtenons 300/8 = 37 % (la valeur exacte est 38 %)

4.5 Division

Une situation courante peut consister à calculer la consommation moyenne d'un trajet en voiture. Si nous avons consommé 72 litres pour 1340 km, la consommation moyenne sera de 72÷1340x100, soit 72÷13,4. Ici nous pouvons nous contenter de 2 nombres proches, soit tous les 2 supérieurs, soit tous les 2 inférieurs. Nous pouvons prendre 70÷13, ou 75÷14, ce qui donnera environ 5,4 l/100

Pour des calculs avec des nombres plus importants, nous recommandons tout d'abord d'estimer le nombre de chiffres du résultat.

S'il faut effectuer 6699÷87 :
- la première estimation nous 87 un peu plus petit que 100 (10 % de moins environ), donc le résultat sera un peu plus grand que si on divise par 100 (10 % de plus), ce sera donc 2 chiffres : 6699÷100=67
- le résultat sera donc10 % supérieur à 67, soit environ 74 (en fait = 77).

4.6 Vérifications

Avant d'annoncer le résultat de tout calcul, quel qu'il soit, et notamment s'il est particulièrement compliqué, la question que l'on doit se poser c'est : « mon résultat est-il correct ? »

La méthode de vérification sera déterminée en fonction de la conséquence d'une erreur possible.

Dans de nombreux cas, une estimation, ou un ordre de grandeur pourront suffire. Ces estimations permettront de s'assurer que l'on obtient un résultat proche de celui trouvé initialement.

Des méthodes simplifiées (telle la preuve par 9) permettront d'obtenir une bonne probabilité que le résultat soit correct.

Enfin, si la situation l'exige, si elle ne permet pas la moindre erreur, si petite soit-elle, une vérification exacte va s'imposer.

4.6.1   Vérification exacte

Elle consiste à refaire exactement la même opération, 2 voire même 3 fois. Cette méthode n'est pas idéale, car on peut être conduit à refaire la même erreur. Il est préférable dans ce cas de refaire l'opération, mais par un autre moyen. En opérant ainsi, on diminue la probabilité de faire 2 fois la même erreur.

Pour une addition
Il est possible d'utiliser la commutativité, et de refaire l'opération en sens inverse, c'est-à-dire par le dernier nombre et terminant par le premier (a+b+c = c+b+a)
Par exemple l'addition 435+248+21
- le calcul initial est réalisé dans l'ordre des nombres : 435+248 = 683, puis 683+21=704
- l'opération inverse : 21+248 =268, puis 269+435 = 704

Pour une multiplication

La multiplication étant également commutative, il est possible de refaire l'opération en inversant le multiplicande et le multiplicateur : (a x b = b x a).

Par exemple la multiplication 41 x 63
- le calcul initial a pu être réalisé en faisant 6_x41= 246_ et ajoutant 3x41=123, soit 2 583
- l'opération inverse : 63x4_=252_ puis ajoutant 63x1, soit 2 583.

Pour une soustraction
La soustraction n'est pas commutative (a-b n'est pas équivalent à b-a). Toutefois, elle peut être considérée comme une addition à l'envers. De cette façon, si a-b = c alors b+c =a.

Par exemple la soustraction 841-192
- le calcul initial a pu être fait avec la méthode des compléments : de 192 pour aller à 200 = 8, puis 200 à 841 = 641, donc j'obtiens 8+641=649
- la vérification peut être faite en additionnant 192 à 649. On obtient bien entendu 841.

Pour une division
La division n'est pas non plus commutative (a÷b n'est pas équivalent à b÷a). Cependant, elle peut être considérée comme une multiplication à l'envers. Ainsi a÷b = c sera équivalent à bxc = a. En cas de reste, a÷b = c + d sera équivalent à bxc + d = a.

Par exemple la division 326÷12
- le calcul initial peut être réalisé selon la méthode traditionnelle : en 32 combien de fois 12 : 2 fois (24) et reste 8, puis en 86 combien de fois 12 : 7 fois (84) et reste 2, donc un résultat de 27 et un reste 2

- pour la vérification nous commençons par multiplier 27x12 = 324, auquel nous ajoutons le reste, soit 324+2 =326.

4.6.2   Preuve par 9

Pour la vérification, une méthode très utilisée est la preuve par 9. Elle est basée sur les caractéristiques de la racine numérique, ou résidu (voir chapitre 3.5.2).

Nous pouvons énoncer la règle suivante : « si une opération (addition, soustraction, multiplication ou division) mettant en jeu 2 nombres a et b donne c comme résultat, alors la même opération effectuée sur les résidus de a et de b donne comme résultat le résidu de c ».

Ainsi, si l'opération sur les résidus est différente du résidu du résultat obtenu, nous pouvons à coup sûr en déduire que le calcul est faux.
A l'inverse, si ces valeurs sont identiques, il existe une forte probabilité que le calcul soit juste. Le mot « preuve » n'est pas tout à fait approprié, car un résultat faux peut parfois avoir le même résidu qu'un résultat juste.

Naturellement, cette preuve par 9 est généralement utilisée pour des calculs mettant en jeu de grands nombres, parfois des millions, donc multipliant les risques d'erreur. Les calculs effectués sur les résidus sont toutefois beaucoup plus simples, ils peuvent être exécutés rapidement mentalement, et fournissent rapidement une information sur la validité du résultat obtenu par le calcul.

Pour une addition
Soit l'addition 435+248+21 = 704
-   résidu de 435 = 4+3+5=12, soit 3
-   résidu de 248 = 2+4+8=14, soit 5

- résidu de 21 = 3
- donc somme des résidus = 3+5+3=11, soit 2
- enfin résidu du résultat 704 = 7+0+4=11, soit 2

En conclusion, le résultat 704 a de fortes chances d'être juste.

Pour une multiplication

Soit la multiplication 41 x 63 = 2583
- résidu de 41 = 4+1=5
- résidu de 63 = 6+3 = 9, soit 0
- multiplication des résidus = 5x0=0
- résidu du résultat = 2+5+8+3=9, soit 9, soit 0

En conclusion, le résultat 2583 a de fortes chances d'être juste.

Pour une soustraction

Soit la soustraction 841-192 = 649
- résidu de 841 = 8+4+1=13, soit 4
- résidu de 192 = 1+0+2 = 3
- soustraction des résidus = 4-3=1
- résidu du résultat = 6+4+9= 19, soit 1,

En conclusion, le résultat 2583 a de fortes chances d'être juste.

Pour une division

Soit la division 326÷12 = 27 et reste 2. Nous devons en faire la preuve par 9 de la multiplication, c'est-à-dire 12x27+2
- résidu de 12 = 1+2 = 3
- résidu de 27 = 2+7 = 9, soit 0
- résidu de 2 = 2
- multiplication des résidus = 3x0 + 2 = 2
- résidu du nombre initial (326) = 3+2+6= 11, soit 2,

En conclusion, le résultat a de fortes chances d'être juste.

> *« Pourquoi apprendre à calculer la surface d'un losange ?*
> *Au cours de ma vie, je n'ai compté*
> *aucun losange parmi mes relations. »*
> *Jacques Sternberg*

5   UN PEU DE MATH&MAGIE

Les petits tours de magie mathématiques sont un excellent moyen d'apprendre à aimer les nombres, d'apprendre à aimer les manipuler. Ils développent à la fois l'esprit scientifique et des qualités de communication. Ils devraient être développés dès l'école primaire, et même servir de support pour éveiller l'intérêt des mathématiques chez les élèves.

Ils donnent aussi l'occasion à nos petits calculateurs de briller auprès des amis, de la famille, tels les grands calculateurs prodiges. L'histoire a toujours présenté des calculateurs phénomènes, capables d'effectuer mentalement des calculs spectaculaires. Certains d'entre eux, tout en s'appuyant sur des techniques de calcul très développées, parfois personnelles, possédaient des capacités de calcul extraordinaires.

Nous avons parfois, lors de spectacles, l'occasion d'assister à des démonstrations de calculateurs, magiciens, ou mentalistes divers. Nous savons bien entendu que la magie n'existe pas et que tous ces magiciens sont d'abord des illusionnistes. De la même manière, si nous parvenons à impressionner certains de nos interlocuteurs, nous ne devons en aucun cas prétendre être des magiciens, ni être doués de pouvoirs surnaturels. Si l'on nous dit « il y a un truc ! », notre réponse doit être « oui, bien sûr il y a un truc. J'utilise des techniques de calcul mental, qui permettent de faire certains calculs plus vite qu'avec les méthodes que nous avons apprises en classe ».

Comme indiqué dans notre introduction, ce livre ne se veut pas un recueil de tours de magies mathématiques, que le lecteur pourra trouver par ailleurs dans des ouvrages spécialisés, par exemple ceux de Dominique Souder pour les tours de magie. Nous nous limiterons au sujet de ce livre, à savoir les techniques de calcul mental, et à quelques techniques de calcul spectaculaires, qui ont pour seul objectif d'éveiller l'intérêt du lecteur.

5.1   Utiliser ses doigts

La dactylonomie (de dactulos - doigt et nomos - loi), est l'art de représenter des chiffres et des nombres avec les doigts.

5.1.1   Se représenter et retenir un nombre

La méthode la plus classique : 1 doigt égale 1 chiffre, on peut donc aller jusqu'à 10 en utilisant les doigts des 2 mains. Le décompte peut être fait :
-    soit dans l'ordre des doigts en partant du pouce, puis index, … jusqu'à l'auriculaire : c'est la méthode utilisée couramment en France.

-   soit en commençant par l'index, jusqu'à l'auriculaire, et terminant par le pouce : c'est méthode utilisée aux États-Unis.

Cette façon de compter est très limitée, car elle ne permet de représenter que les nombres de 1 à 10, et cela en utilisant les 2 mains.

Pour représenter sur les doigts, et retenir, des nombres jusque 100, nous recommandons la méthode du boulier japonais (appelé soroban).
Dans le soroban, chaque colonne représente une position (1ère colonne de droite, les unités, puis deuxième colonne les dizaines, etc..).

Les 5 boules ont une valeur représentative, lorsqu'elles sont collées à la barre horizontale. La boule du haut a une valeur 5, et les 4 boules du bas ont chacune une valeur 1.

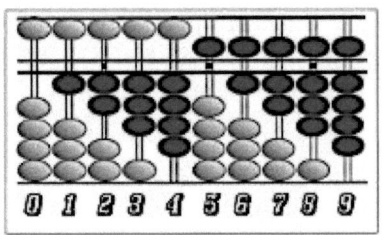

Image : Gérard Villemin

Ainsi sur 1 seule colonne, avec 5 boules, il est possible de représenter les chiffres de 0 à 9.

Par analogie, nous utiliserons les 5 doigts d'une main pour représenter les chiffres de 0 à 9, et en associant les 2 mains, les nombres de 0 à 99 (la main droite pour les unités, la main gauche pour les dizaines) :

- le pouce représente la boule du haut : replié=0, relevé=5
- les autres doigts, de l'index à l'auriculaire, représentent les 4 autres boules : repliés=0

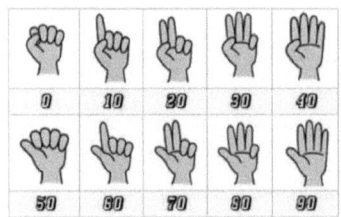
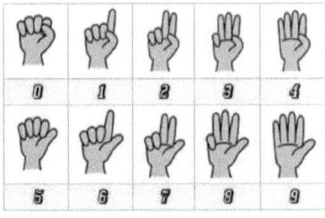

Image : Gérard Villemin

5.1.2   Opérer des calculs sur les doigts

Nous nous sommes limités précédemment à l'analogie avec le socoban pour représenter les nombres de 0 à 99.

Toutefois, il est possible de pousser l'analogie jusqu'à réaliser des calculs parfois complexes avec les doigts. Cette méthode est largement utilisée par les élèves indiens, dont on peut voir des vidéos spectaculaires sur internet. Elle demande de l'entraînement, et ce n'est pas l'objet de ce livre.

Nous allons présenter ici quelques calculs, uniquement dans un but culturel, ou pour une petite démonstration. De toute façon cela reste assez limité, et réservé à de petits nombres.

Multiplier par 9

Pour multiplier rapidement par 9 avec ses mains, il faut ouvrir ses 10 doigts, les paumes vers soi. Les doigts sont numérotés de 1 à 10, de la gauche vers la droite.

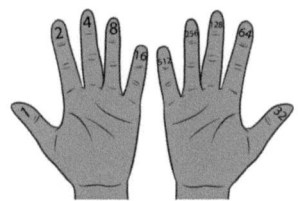

Il suffit de baisser le doigt correspondant au nombre multiplié (n).

- le nombre de doigts restants à gauche du doigt plié forme le chiffre des dizaines,
- le nombre de doigts à droite est le chiffre des unités.

Par exemple pour 7x9 : on replie le doigt 7. Il reste ainsi 6 doigts relevés à gauche et 3 doigts relevés à droite, donc 63. Ceci est une méthode amusante pour apprendre la table par 9, qui est souvent la plus difficile à retenir.

Multiplier 2 nombres entre 6 et 10

Cette méthode est très utile pour apprendre les tables de multiplications, de 6 à 10, qui sont généralement les plus laborieuses à apprendre. Chaque main représente un des 2 nombres. Le pouce représente 6, index 7, majeur 8, annulaire 9 et auriculaire 10.

Par exemple, pour calculer 7 x 8, il faut donc lever 2 doigts de la main gauche (pour le 7), et 3 doigts de la main droite (pour le 8).

Pour lire le résultat :

- on additionne les doigts levés (ici 2 + 3 = 5) : ce qui donne le chiffre des dizaines.
- on multiplie les doigts repliés de chaque main (3 doigts repliés à gauche et 2 doigts repliés à droite), soit 2 x 3 = 6, ce qui donne le chiffre des unités.

On obtient ainsi 7 x 8 = 56.

5.2   Quelques calculs spectaculaires

« Je sais calculer très rapidement !
-Ah oui ? Alors combien font 2 643 x 784 ?
-12 725 642 !
-Mais c'est faux !
-Oui, mais c'est très rapide ! »

5.2.1   Addition très rapide de chiffres

Il est toujours impressionnant lorsqu'un calculateur peut additionner une série de nombres si rapidement qu'une personne avec une calculatrice n'a pas le temps de les y enregistrer.

Les nombres à additionner sont énoncés très rapidement, à raison d'un toutes les 3 ou 4 secondes, et le calculateur annonce le résultat immédiatement après avoir lu (ou entendu) le dernier nombre de la série.

Pour réaliser ce type d'addition, il faut utiliser la méthode de calcul sur les doigts, vue au chapitre précédent (analogie avec le socoban).

Les nombres sont représentés sur les doigts, chaque nouveau nombre est immédiatement enregistré (sans valoriser le résultat intermédiaire).

Prenons un petit exemple : effectuer 2 + 1 + 6 + 3 + 4.

- 2 : on ouvre 2 doigts de la main droite

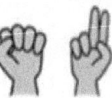

- 1 : on ouvre 1 doigt de la main droite (+1)

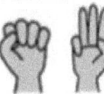

- 6 : on ouvre le pouce (+5) et 1 doigt de la main droite (+1)

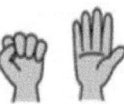

- 3 : on ferme la main droite, ouvre 1 doigt de la main gauche (+1), plus 2 doigts de la main droite

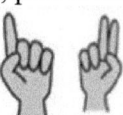

- 4 : on ouvre le pouce de la main droite (+5) et on ferme 1 doigt de la main droite (-1)

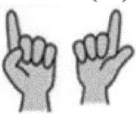

Il est essentiel de ne pas déterminer les résultats intermédiaires : on se contente d'ouvrir et de fermer des doigts.

Enfin on est capable d'annoncer le résultat qui se lit sur les doigts : 16.

Nous ne développerons pas plus cette technique. Elle demande beaucoup d'entraînement, car il s'agit d'ouvrir et fermer des doigts de façon complètement automatique. De nombreuses vidéos sont disponibles sur internet pour le lecteur qui souhaiterait approfondir ces méthodes.

5.2.2 Nombre 7 magique

Pourquoi s'intéresse-t-on aux calculs se basant sur ce nombre 7 ? C'est tout simplement un nombre magique : les 7 nains, les bottes de 7 lieues, les 7 mercenaires, les 7 merveilles du monde, Tintin et les 7 boules de cristal, les 7 samouraïs, les 7 péchés capitaux, ….

La division par 7 présente la particularité de générer la même série de chiffres, jusqu'à l'infini.
142857 142857 142857

Division par 7
Pour réaliser cette division mentalement, nous allons d'abord appliquer la méthode traditionnelle, sur les chiffres significatifs. Il existe bien une règle de divisibilité par 7, mais on risque vite de l'oublier. Nous l'indiquons uniquement pour les lecteurs curieux : algébriquement, $10a+b$ est divisible par 7 si, et seulement si, $a-2b$ est divisible par 7. Par exemple 91 : $9-2\times1=7$, donc divisible par 7.

Dans un premier temps, nous allons appliquer la méthode sur un nombre entier.
Par exemple, effectuer $153 \div 7$ appliquant la méthode traditionnelle :
-    en 15 : 2 fois et reste 1
-    on abaisse le 3
-    en 13 : 1 fois et reste 6
Donc le résultat est 21 et il reste 6.

Si nous voulons poursuivre la division sur les décimales :
-   on abaisse un 0 et on place la virgule
-   en 60 : 8 fois et reste 4
-   puis en 40 : 5 fois et reste 5
-   puis en 50 : 7 fois et reste 1

Nous retrouvons la série 857 et on peut continuer avec 142857 …
En fait, dès que l'on commence à « abaisser » des zéros, on peut enclencher la série.

Par exemple 85 ÷ 7 : on trouvera 12 et reste 1, et on abaisse le premier zéro. La suite du calcul : on abaisse 0 et en 10 il va 1 fois, ce qui donne le point de départ de la série : 142857 …

Comment se souvenir de la série ? Il existe un moyen mnémotechnique très simple :
-   le premier chiffre est 7
-   les 2 suivants en sont le double, soit 14
-   les 2 suivants encore le double, soit 28
-   les 2 suivants toujours le double (56) ah non ! on retombe sur le 7, soit 57

Ceci nous fournit la série 7142857 et on reprend 142857 etc..
Bien entendu, dans le calcul, on démarre la série en fonction du dernier chiffre trouvé.

Autre exemple : il faut diviser 88 par 7.
Je trouve donc 12 (84), avec reste 4. La suite 40/7 donne 5, donc la série récurrente démarre à 5. Et je reprends la série récurrente à partir du 5 (soit 57142857…, et j'annonce (avec le petit show qui va bien pour impressionner) :
-   « 88 divisé par 7 ? cela fait 12,5. On peut être plus précis, en fait c'est 12,5 714 (prononcer douze virgule

cinq sept cent quatorze). Si vous voulez je peux même donner les décimales suivantes 2, 8, 5 et 7 (deux, huit, cinq et sept) et encore 14, et 28 pour être vraiment précis il faudrait même ajouter 571 »

En groupant les chiffres de façons toujours différentes, votre interlocuteur ne verra pas la suite récurrente. Lorsque vous lui demanderez de vérifier sur sa calculatrice, il atteindra plus vite que vous les limites. Vous pourrez alors ajouter « *c'est dommage car une calculatrice précise donnerait encore* ... » (et vous ajoutez encore 3 ou 4 décimales). L'effet est garanti !

Une multiplication impressionnante
Nous allons encore utiliser la série récurrente 7142857…
Le calculateur a écrit au tableau le nombre 142857143. Il a demandé au spectateur de choisir un autre nombre de neuf chiffres, par exemple 123456789. Le magicien donne alors le produit de ces deux nombres de neuf chiffres chacun, en écrivant les chiffres du résultat de gauche à droite.

Comment fait-il, sachant que ce n'est pas un calculateur prodige ? Si l'on fait la division de 1 000 000 001 par 7 on trouve un quotient exact qui est 142857143.

Multiplier tout nombre par ce dernier peut donc se faire en deux étapes : d'abord le multiplier par 1 000 000 001 puis diviser le résultat par 7. Comment multiplier un nombre de neuf chiffres par 1 000 000 001 ? C'est très simple, il suffit de réécrire le nombre une seconde fois à côté : dans l'exemple 123456789 × 1 000 000 001 = 123456789 123456789. Il reste donc au magicien à faire de tête une division par 7 d'un nombre de dix-huit chiffres, après avoir imaginé ou visualisé la répétition de l'écriture du nombre de neuf chiffres, choisi par le spectateur.

On comprend ainsi pourquoi il donne l'écriture du résultat de gauche à droite.

Dans l'exemple : 123456789 123456789 ÷ 7 = 17636684 160493827.
Conclusion : 142857143 × 123456789 = 17636684 160493827. Il va vous falloir quelques répétitions, c'est sûr, mais ce petit tour est très valorisant.

5.2.3 Nombre 9 magique

Ce nombre 9 est également magique. Tout d'abord c'est le plus grand nombre à 1 chiffre (dans notre système décimal). Ensuite, selon certaines traditions, il représente le bonheur. En Chine, le neuf est un nombre sacré, bénéfique, Le trône impérial comptait neuf degrés (en raison des neuf sphères célestes), les Chinois se prosternaient neuf fois devant l'empereur. Le dragon a neuf formes et ce même dragon a neuf enfants, etc …

De même, dans le but d'obtenir certaines grâces, l'Église catholique recommande la neuvaine, qui consiste à effectuer une dévotion de neuf jours. D'ailleurs, pendant que j'écris ces lignes, pendant la période de confinement que nous avons connue en mars 2020, je vois sur internet un appel lancé par des prêtres, pour prier 9 jours avec Marie contre l'épidémie de coronavirus, du 17 au 25 mars.

Faut-il voir comme une coïncidence le fait qu'en français ce chiffre porte le même nom que la nouveauté ?
Enfin je rappellerai la preuve par 9, soit la capacité du chiffre 9 à permettre de « prouver » toute opération.

Mathématiquement, le chiffre 9 présente certaines particularités, qui peuvent être utilisées dans de nombreux petits exercices spectaculaires. Nous avons déjà cité certaines de ces particularités pour effectuer mentalement des multiplications ou des divisions par 9.

Retrouver le chiffre manquant
Un multiple de 9 est par définition divisible par 9. Sa racine numérique est alors égale à 0, et cela quel que soit l'ordre de ses chiffres. Si lors de l'énoncé de ce nombre, chiffre après chiffre, on omet l'un d'eux (quel qu'il soit), il est alors possible de le retrouver, simplement en calculant la racine numérique, et complétant à 9.

Soit 7 587 qui est un multiple de 9 (sa racine est 0). Si l'on fait énoncer un par un les chiffres de ce nombre, dans l'ordre, mais en en omettant un, sans dire lequel bien entendu, il est facile de retrouver ce chiffre manquant :
- soit le 1er, et on indique 5 8 7 : la racine est 2 : il manque bien 7
- soit le 2ème, et on indique 7 8 7 : la racine est 4 : il manque bien 5
- soit le 3ème, et on indique 7 5 7 : la racine est 1 : il manque bien 8
- soit le 4ème : identique au premier

Un cas particulier se présente lorsque la racine obtenue est 0. Le chiffre manquant peut alors être soit le chiffre 0, soit le chiffre 9. Rien ne permet de savoir lequel. On pourra dans ce cas demander à notre interlocuteur, de penser au chiffre, le regarder dubitativement et dire : « je ne vois rien, c'est 0 ? ». Si la réponse est oui tout va bien. Si la réponse est non alors vous lui dites, « vous ne pensez pas assez fort, puis « là oui, c'est le 9 ».

Plusieurs méthodes peuvent être utilisées pour proposer une opération qui fournisse un multiple de 9.

Exemple 1 :

A partir d'un nombre donné par un spectateur (3 ou 4 chiffres),

-   lui faire retrancher la somme de ses chiffres, (on retranche ainsi sa racine numérique, de façon à obtenir un nombre avec une racine numérique nulle, soit un multiple de 9) et
-   le faire multiplier par n'importe quel nombre de 3 ou 4 chiffres.

Le résultat est bien entendu un multiple de 9.

Exemple 2 :
Faire prendre 3 nombres consécutifs, en faire la somme, et la faire élever au carré.
En prenant 3 nombres consécutifs, quel qu'ils soient, un des 3 est obligatoirement un multiple de 3. Donc l'élévation au carré génère un nombre multiple de 9.

Exemple 3 :
C'est la technique que j'utilise, généralement après avoir deviné le jour de la semaine où est né mon interlocuteur. Je connais donc son année de naissance. Je la rappelle et vérifie rapidement si ce nombre est divisible par 3. S'il ne l'est pas, je lui demande d'ajouter 1 ou 2, de façon à obtenir un multiple de 3.

Division par 9 védique
La méthode védique nous donne une manière très intéressante et étonnement simple d'effectuer une division par 9.
Voyons sur un exemple. Soit 143 234 ÷ 9

-   nous copions les chiffres du nombre à diviser
-   nous dupliquons le premier chiffre (1)

- Sous le second chiffre, nous lui ajoutons le chiffre obtenu (1+4=5)
- puis nous continuons de la même façon : sous le chiffre suivant, nous lui ajoutons le chiffre obtenu (5+3=8)

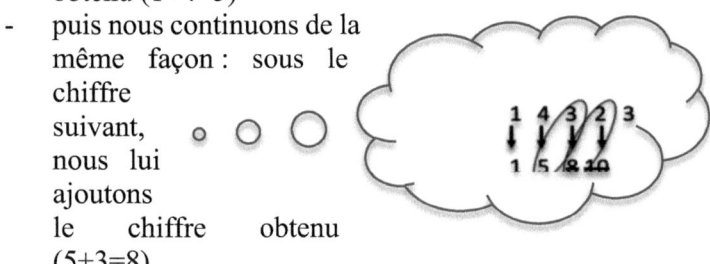

- puis avec le chiffre suivant (8+2=10) – Bien entendu le « chiffre » 10 n'existe pas ! Alors nous lui enlevons 9 (et il reste donc 1) et nous ajoutons une retenue au chiffre précédent (8+1 devient 9)
- nous poursuivons le processus (1+3=4)
- le dernier chiffre obtenu (4+4=8) représente le reste.

Et nous pouvons directement lire le résultat : 15 914, reste 8.

Sachant que tout chiffre n, de 1 à 8, divisé par 9 donne la suite infinie 0,nnnn nous pouvons donner le résultat avec ses décimales : 15 914,8888888…

5.2.4   *Nombre 13 magique*

Pourquoi la magie : nombre plein de sens. Il est présent dans de nombreuses cultures, qui font d'un vendredi 13 un jour de chance pour certaines (utilisé par exemple par les sociétés de loterie, avec des super cagnottes), et un jour de malheur pour d'autres. Par exemple Jésus aurait été crucifié un vendredi 13, selon l'évangile attribué à Jean.

Rien que le chiffre 13 lui-même porte malheur. Ayant pour origine la Cène, dernier repas du Christ, qui comportait 13 membres, dont Judas, l'apôtre qui trahit le Christ. Ainsi, on évite d'être 13 à table, il n'y a pas de siège 13 dans les avions, ni d'étage 13 dans les immeubles aux USA (on passe directement du 12 au 14 !)

D'autre part, l'expression 13 à la douzaine, est bien associée à une forme d'abondance, de richesse. Elle nous provient d'une période où l'on comptait en base 12 (il nous reste les 12 heures de la demi-journée, la douzaine d'œufs, la douzaine d'huitres, la douzaine d'escargots ...), et où les commerçants, avec le sourire et le sens du commerce n'hésitaient à rajouter gratuitement un treizième produit, pour tout achat de 12).

Un calcul spectaculaire avec le nombre 13, m'a été donné de voir lors d'une émission TPMP, sur C8, en novembre 2018. Les 2 jumeaux de 12 ans avaient littéralement impressionné les invités en étant présentés comme des génies « incroyables » du calcul mental. Sans vouloir dénigrer leur performance, qui m'a moi-même impressionné, car ils sont bien entendu très bons en calcul mental, je dirais simplement que leurs capacités n'ont rien d'incroyable, comme le disait le présentateur. En effet, pour effectuer leurs calculs, ils utilisent des techniques de calcul, que nous présentons pour la plupart ici. Et ils sont parfaitement entraînés !

A la demande 9 divisé par 13, ils avaient répondu quasiment instantanément : 0,6923076924.

On se retrouve avec un cas similaire à la division par 7, toutefois un peu plus difficile, qui demande de l'entraînement : il existe une répétition des décimales. Pour la division par 13, il existe 2 séries récurrentes, en fonction du dernier chiffre significatif de la division.

Dans le tableau ci-après, nous avons indiqué le résultat de la division des 12 premiers nombres par 13.

1	0,076923076923077	2
2	0,153846153846154	1
3	0,230769230769231	2
4	0,307692307692308	2
5	0,384615384615385	1
6	0,461538461538462	1
7	0,538461538461538	1
8	0,615384615384615	1
9	0,692307692307692	2
10	0,769230769230769	2
11	0,846153846153846	1
12	0,923076923076923	2

Nous nous apercevons qu'il existe 2 séries récurrentes : la série 1, composée des chiffres 153846, et la série 2, composée des chiffres 307692. On remarquera que la série 2 vaut exactement le double de la série 1. Il suffit donc de se souvenir de la série 1 (soit 153846).

Ainsi, pour les restes 2, 5, 6 et leurs compléments à 13 (soit 7, 8 et 11) il faut se reporter à la série 1, soit 153846 et pour les autres restes (1, 3, 4 et leurs compléments à 13 (12, 10, 9)), à la série 2, soit 307692.

Revenons à notre exemple : 9÷13
- en 9, combien de fois 13 : 0 fois, reste 9 : on se reportera à la série 2, soit 307692 et le nombre entier est 0,___
- « on abaisse le 0 » : en 90 combien de 13, « il y va 6 fois », donc on complète avec les chiffres de la série en

commençant avec le 6, et on annonce 0,692307, et on peut s'amuser à fournir encore quelques décimales, mais en faisant attention à ne pas dévoiler l'effet série.

5.2.5 *Nombre 37 magique*

Sans être à proprement parler un nombre magique, le nombre 37 présente des caractéristiques arithmétiques intéressantes :
- c'est un nombre premier, et il est le premier nombre premier cousin, avec le nombre 41,
- c'est un nombre circulaire : les permutations circulaires de 037, en l'occurrence 370 et 703 sont divisibles par 37
- la somme des 37 premiers entiers vaut 666,
- et 6+6+6 = 18 et 18 x 37 = 666
- c'est un diviseur de 111 (tout comme le nombre 3) : 37×3=111. Ainsi tout calcul de la forme 37 × (3n) = nnn. Par exemple : 37×12 = 37x3x4 = 444 et 4+4+4 =12 et 12 x 37 = 444
- c'est aussi un diviseur du nombre 10101 : 37x273 = 10101

Nous allons utiliser cette dernière particularité, dans un tour expliqué par Dominique Souder, que l'on peut utiliser avec des collégiens pour les intéresser aux particularités des nombres.

Demandez à un ami dont l'âge s'écrit avec deux chiffres de l'écrire sur une feuille de papier, puis de répéter cette écriture deux autres fois à la file de façon à obtenir un nombre de six chiffres.
Annoncez-lui que son nombre est divisible par 37 (c'est à dire que quand on le divise par 37, la division tombe juste et donne un nombre entier). Proposez-lui de vérifier sur la calculatrice de son smartphone.

Continuez en lui disant de profiter de l'affichage de la calculatrice pour diviser par 13 son résultat et vérifier qu'on obtient encore un nombre entier.

Poursuivez encore en annonçant qu'il peut également diviser le résultat par 7, puis encore par 3 et là, terminez en déclarant « maintenant à l'affichage tu dois pouvoir lire ton âge ! ». Savourez l'étonnement de votre interlocuteur.

L'explication est relativement simple : supposons que l'âge soit 15 ans. Il est facile de vérifier que :
151 515 = 150 000+1 500+15 = 15 x (10 000+100+1) = 15x10 101.
Mais 10 101 = 37 x 13 x 7x 3. Donc en divisant successivement par 37, puis 13, 7, et 3, nous obtenons une série de nombres entiers, et on retombe sur le nombre de départ de deux chiffres.

Attention, si vous avez une grand-mère dont le grand âge nécessite un nombre de trois chiffres, faites-lui écrire seulement deux fois son âge. Ensuite faites faire les divisions par 13, 11 et 7.
- 103 103 = 103 000+103= 103 x (1 000+1) = 103 x1 001
- Et 1 001 = 13 x 11 x 7

5.2.6 Sommes de nombres

Somme des n premiers nombres
Cette somme est déterminée par une formule que tout étudiant connaît : soit n(n+1)/2. Pour le calcul, on prend le nombre, celui qui entre n et n+1 est pair, on le divise par 2 et on multiplie par l'autre.

Exemple : somme des 10 premiers nombres (1 + 2 + 3 + ... + 9 + 10). Ce sera 10 x 11 / 2. En calculant rapidement (en commençant par 10 / 2), on obtient 5 x 11 soit 55.

Idem pour la somme des 25 premiers nombres : 25 x 26 / 2. Nous faisons 13 x 25, (13 x 100 /4) et obtenons 325.

Somme des n premiers cubes

La formule est ici un peu plus complexe. Bien que ce soit un calcul que l'on ne rencontre quasiment jamais, certains de nos lecteurs pourraient l'inclure dans leurs exhibitions. C'est un petit exercice, qui peut impressionner. Elle s'écrit $(n(n+1)/2)^2$.

On remarque qu'il s'agit de la somme des n premiers nombres, élevée ensuite au carré. Ainsi la somme des 10 premiers cubes = 10x11/2 = 55, ce qui élevé au carré égale 3025 (petit rappel : 5 x 6 auquel j'adjoins 25).

5.2.7   *Extraire une racine carrée*

Nous nous limiterons ici aux carrés parfaits de nombres entiers.

Il est essentiel de connaître au moins (et par cœur) la table des 10 premiers carrés :

1^2	2^2	3^2	4^2	5^2	6^2	7^2	8^2	9^2
1	4	9	16	25	36	49	64	81

On y remarque tout d'abord une symétrie entre les chiffres des unités, autour du chiffre 5 (1, 4, 9, 6)

Carré parfait inférieur à 10 000, soit un nombre de 3 ou 4 chiffres

La racine carrée d'un nombre inférieur à 10 000 est un nombre à 2 chiffres.

Prenons par exemple le calcul de $\sqrt{1849}$. Sa racine comprend donc 2 chiffres.

Nous décomposons ce nombre en 2 groupes de 2 chiffres, soit 18 et 49. Le premier groupe (les centaines) nous servira à déterminer le chiffre des dizaines de la racine, le second groupe (les unités) le chiffre des unités.

Voyons le premier groupe : 18, et nous constatons qu'il est compris entre 16 et 25, Le nombre 1849 est compris entre 1600 et 2500, soit entre 4^2x100 et 5^2x100. Sa racine est donc comprise entre 40 et 50.

Puisque 18 est compris entre 16 et 25, nous en déduisons le chiffre des dizaines de la racine, soit 4.

Observons à présent la table des carrés de 1 à 9. Ainsi :
- si un nombre se termine par 1 ou 9 son carré se terminera toujours par 1
- si un nombre se termine par 2 ou 8, son carré se terminera toujours par 4
- si un nombre se termine par 3 ou 7, son carré se terminera toujours par 9
- si un nombre se termine par 4 ou 6, son carré se terminera toujours par 6
- enfin si un nombre se termine par 5, son carré se terminera toujours par 5

Par exemple, 53^2 donnera un nombre compris entre 2500 (50^2) et 3600 (60^2), avec le chiffre des unités =9.

Revenons à notre cas à traiter : $\sqrt{1849}$. Comme ce nombre se termine par 9, le chiffre des unités est donc soit 3, soit 7.

Faut-il retenir le plus petit (3) ou le plus grand (7) ? Entre 40 et 50 il y a 45, dont le carré est 2025 (très facile à calculer : 4x5=20 et 25). Nous voyons que 1849 est inférieur à 2025. Nous pouvons en déduire que le chiffre des unités est le plus faible des deux, soit 3.

Notre réponse est donc $\sqrt{1849} = 43$

Comme nous l'avons déjà indiqué pour d'autres calculs, nous conseillons de traiter de gauche à droite, c'est-à-dire d'abord le chiffre des dizaines, puis le chiffre des unités.

Traitons d'autres exemples :

- $\sqrt{3844}$: le nombre de centaines (38) est supérieur à 36, et inférieur à 49 : le chiffre des dizaines est donc 6. Le chiffre des unités du carré est 4, donc le chiffre des unités de la racine est 2 ou 8. Le carré de 65 (4225) est supérieur à 3844, je choisis donc le plus petit des 2. Ainsi $\sqrt{3844} = 62$

- $\sqrt{7569}$: le nombre de centaines (75) est supérieur à 64, et inférieur à 81 : le chiffre des dizaines est donc 8. Le chiffre des unités du carré est 9, donc le chiffre des unités de la racine est 3 ou 7. Le carré de 85 (7225), est inférieur à 7568, je choisis le plus grand des deux, soit 7. Ainsi $\sqrt{7569} = 87$

- $\sqrt{5476}$: le nombre de centaines (54) est supérieur à 49, et inférieur à 64 : le chiffre des dizaines est donc 7. Le chiffre des unités du carré est 6, donc le chiffre des unités de la racine est 4 ou 6. Le carré de 75 (5625), est supérieur à 5476, je choisis le plus petit des deux, soit 4. Ainsi $\sqrt{5476} = 74$

Remarque : si le carré se termine par 0 ou 5, le chiffre des unités de la racine est bien entendu 0 ou 5 également, et il n'est pas nécessaire de calculer le carré d'un nombre intermédiaire.

Autres carrés parfaits > 10000 ou carrés non parfaits
Pour ces calculs, nous n'avons pas de méthode simple. Il faut ici utiliser la méthode traditionnelle de calcul manuel d'une racine carrée, ce qui est assez compliqué à faire mentalement. Ce n'est pas l'objet de ce recueil.

5.2.8 Extraire une racine cubique

L'extraction d'une racine cubique mentalement est un exercice très spectaculaire, car très difficile à exécuter manuellement. Il est toutefois beaucoup moins compliqué qu'on pourrait le croire. Il est d'abord nécessaire de mémoriser la table des cubes des 10 premiers nombres.

1^3	2^3	3^3	4^3	5^3	6^3	7^3	8^3	9^3
1	8	27	64	125	216	343	512	729

Un examen rapide nous montre que chaque cube se termine par un chiffre différent
- pour les nombres 1, 4, 5, 6 et 9 (en fait, 1, 4 et 5 et leur complément à 10), le chiffre correspond à la racine cubique (mnémotechnique : les 3 du milieu et les extrêmes)
- pour les nombres 2, 3, 7 et 8 (en fait 2 et 3 et leurs compléments à 10), il correspond au complément à 10 (mnémotechnique : les autres).

Cubes parfaits inférieurs à 999 999
Le cube d'un nombre de 2 chiffres (compris entre 10 et 99) sera un nombre de compris entre 1 000 et 999 000. On découpe en groupes de 3 chiffres depuis la droite.

Le 1ᵉʳ groupe à gauche nous renseigne sur le chiffre des dizaines, alors que le second groupe nous renseigne sur le chiffre des unités.

Prenons par exemple la racine cubique de 50 653. Nous décomposons en 2 groupes : 50 et 653
- détermination du chiffre des dizaines : la table des 9 premiers cubes nous indique que le premier groupe 50 est compris entre 27 et 64, donc entre 33 et 43. La racine est donc comprise entre 30 et 40. le 1er chiffre de la racine est obligatoirement 3
- détermination du chiffre des unités : le dernier chiffre du 2ᵉᵐᵉ groupe est 3, qui correspond au cube du complément de 3, soit 7

La racine de 50 653 est donc 37.

Cette méthode fonctionne bien entendu uniquement avec des cubes parfaits.

Autre exemple : déterminer la racine cubique de 438 976
- je « vois » $7^3 < 438 < 8^3$ donc le 1ᵉʳ chiffre est 7
- je « vois » le chiffre des unités du second groupe = 6, donc chiffre des unités de la racine = 6

Le résultat est donc 76

Présentation spectaculaire : demander à notre interlocuteur de prendre un nombre de 2 chiffres et de l'élever au cube (avec sa calculette).

Par exemple 658 503, et de le prononcer lentement
- en entendant le 1er groupe vous pouvez immédiatement identifier le 1er chiffre de la racine (512<658<729, donc 8)
- en entendant le dernier chiffre du nombre, vous pouvez immédiatement identifier le chiffre des unités de la racine (ici 7)

- vous pouvez donc extraire la racine immédiatement : 87.

Cubes parfaits jusqu'à 999 999 999

Retrouver la racine cubique du cube d'un nombre de 3 chiffres est un peu plus délicat, mais peut être entrepris mentalement, avec un peu d'expérience et de pratique. Nous l'indiquons ci-après pour les lecteurs qui souhaiteraient s'y attacher. Le cube est compris entre 1 000 000 et 999 000 000.

Par exemple extraire la racine cubique de 580 093 704. Nous scindons le nombre en 3 groupes de 3 chiffres (en partant de la droite).

- le 1er groupe à gauche nous indique le chiffre des centaines, comme pour des cubes de nombres à 2 chiffres : 512<580<729, donc 8
- le dernier chiffre du 3ème groupe nous indique le chiffre des unités, également comme pour des cubes de nombres à 2 chiffres : en l'occurrence 4
- le nombre recherché est donc de la forme 8d4

Pour déterminer le chiffre des dizaines, nous allons appliquer une règle concernant les valeurs modulo.

Nous avons vu, pour la preuve par 9, à savoir : « si une opération, notamment une multiplication, mettant en jeu 2 nombres a et b donne c comme résultat, alors la même opération effectuée sur les résidus de a et de b donne comme résultat le résidu de c ».

Ainsi le nombre 15376 est le carré de 124, le résidu de 124 est 7, donc le résidu de 124x124=7x7=49, soit **4mod(9).** Or le résidu de 15376=1+5+3+7+6=23, soit **4mod(9).** Nous voyons que les 2 résultats sont identiques.

Nous allons appliquer cette règle, non pas au modulo(9), qui ne permet pas de trouver le chiffre des dizaines à coup sûr, mais au modulo(11).

Calcul du modulo(11), déjà utilisé pour la divisibilité par 11 (chapitre 3.5.2) : le modulo(11) est égal à la différence entre la somme des chiffres de rang impair et la somme des chiffres de rang pair, en commençant par la droite pour garantir la parité des chiffres..

Ainsi 580 093 704 mod(11) ≡ (4+7+9+0+5)-(0+3+0+8) ≡ 3

La relation entre le résidu mod(11) d'un nombre et le résidu mod(11) de sa racine cubique de son cube est donnée par la table suivante (qu'il faudra apprendre par cœur) :

1^3	2^3	3^3	4^3	5^3	6^3	7^3	8^3	9^3	10^3
1	8	5	9	4	7	2	6	3	10

Puisque le résidu du nombre R^3 est 3 (2ème ligne), alors le résidu de sa racine cubique R=9 (1ère ligne).

Le nombre recherché peut s'écrire sous la forme 8d4. 8d4 mod(11) est donc égal à (8+4)-d et vaut 9.

Ainsi 12-d=9, soit d=3.

Le nombre recherché est donc 834.

Exécutons un second exemple : calculer la racine cubique de R^3=102 503 232

-   chiffre des centaines= 4 (102 est compris entre 64 et 125)
-   chiffre des unités = 8 (complément de 2 à 10), donc le nombre est de la forme 4d8
-   résidu mod(11) ≡ (2+2+0+2+1)-(3+3+5+0)=7

- dans le tableau ci-dessus le résidu du nombre R3 est 7 (2ème ligne), alors le résidu de sa racine cubique R=6 (1ère ligne).
- Résidu de 4d8=12-d est égal à 6 donc d=6
- La racine de 102 503 232 est 468

5.2.9 Extraire une racine cinquième

Et pourquoi pas, pendant qu'on y est ?

Déterminer la racine cinquième d'un nombre n'est pas plus compliqué que la détermination d'une racine cubique.

On démontre facilement qu'un nombre se termine par la même unité que lorsqu'il est élevé à la puissance 5. Ainsi le dernier chiffre est très simple à déterminer.

Afin de déterminer le 1er chiffre, il faut apprendre la table suivante, des estimations de x^5

10^5	20^5	30^5	40^5	50^5	60^5	70^5	80^5	90^5
100 mille	3 millions	24 millions	100 millions	300 millions	777 millions	1,6 milliard	3 milliards	6 milliards

Ainsi le principe est équivalent à l'extraction de racines cubiques.

Par exemple extraire la racine cinquième de 8 587 340 257. Dès que vous entendez 8 milliards, vous remarquez que 90^5 est supérieur à 6 milliards. Vous déterminez ainsi que le 1er chiffre doit être un 9.

Vous ignorez alors l'énoncé de tous les autres chiffres (que vous avez demandé à votre interlocuteur d'énoncer lentement. Lorsque le dernier chiffre est énoncé, qui est 7, alors vous pouvez annoncer 97 !

5.2.10 *Estimer le cube d'un nombre*

Pour terminer cette série concernant quelques calculs spectaculaires, voici une petite méthode pour donner rapidement une valeur approximative du cube d'un nombre de 2 chiffres.

Prenons par exemple 43^3. Il peut s'écrire sous la forme 43 x 43 x 43. L'approximation consiste à retirer 3 aux deux premiers nombres, puis ajouter 6 au 3ème. L'estimation est alors 40 × 40 × 49. En faisant la multiplication, nous obtenons une estimation de 78 400, que nous arrondissons à 79 000. La valeur exacte est 79 507.

Pour un nombre ayant un chiffre des unités supérieur à 45, Nous opérons à partir de la dizaine supérieure. Ainsi pour une estimation de 47^3, nous décomposons en 50 x 50 x 41, en ajoutant 3 aux deux premiers et retirant 6 au troisième. Nous obtenons ainsi 102 500, arrondi à 103 000. La valeur exacte est 103 823.

5.3 Carrés magiques

5.3.1 *Définition*

Carré magique
En mathématiques, un carré magique d'ordre n est composé de n x n nombres entiers positifs, écrits dans un tableau carré. Ces nombres sont disposés de façon à ce que la somme de chaque rangée, chaque colonne et chaque diagonale, appelée la constante magique, soient égales.

C'est un exercice qui a toujours passionné. Ainsi, sur une des façades de la Sagrada Familia à Barcelone, un carré magique est sculpté, dont la constante magique est égale à 33, soit l'âge du Christ à sa mort.

Carré magique normal
Un carré magique d'ordre n normal est constitué de tous les nombres entiers consécutifs de 1 à n x n.

Carré magique diabolique
Un carré diabolique est un carré dont la somme peut être trouvée de différentes façons, avec des nombres entiers qui ne sont pas obligatoirement consécutifs.

5.3.2   *Carrés magiques normaux d'ordre impair*

Plusieurs méthodes existent pour construire des carrés magiques normaux d'ordre impair. Celle qui a retenu notre choix, à cause de sa simplicité, a été introduite en France en 1688, par Simon de la Loubière. Elle s'applique pour tous les carrés magiques d'ordre impair. Nous allons détailler cette méthode, pour un carré magique d'ordre 3.

Nous allons tout d'abord placer le 1er nombre sur la case milieu d'un côté externe et le compte doit partir vers l'extérieur du carré.
Pour placer les nombres, dans l'ordre, 3 règles vont s'appliquer :
-    règle I : Positionner, si possible le nombre suivant dans la case contiguë sud-est
-    règle II : Si le nombre que l'on veut positionner sort du cadre, alors le positionner à l'opposé de la même colonne ou de la même ligne (comme si le carré était enroulé sur un tube et se poursuivait de l'autre côté)
-    règle III : Si la case sud-est est prise, alors positionner dans la case immédiatement au-dessus.

Construisons notre carré magique d'ordre 3.

Le nombre 1 a été placé au milieu du côté inférieur

- on positionne le 2, règle I
- il sort du cadre, donc règle II

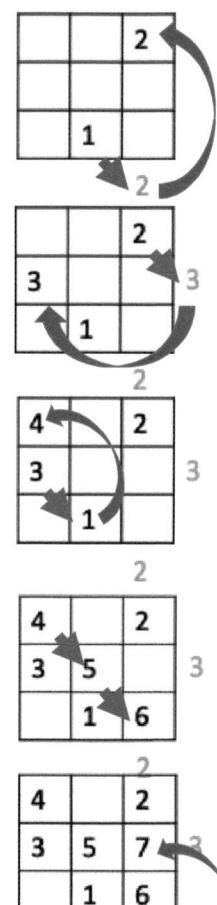

- on positionne le 3, règle I
- il sort du cadre, donc règle II

- on positionne le 4, règle I
- la case est prise, donc règle III

- on positionne le 5 et le 6, règle I

- on positionne le 7, règle I
- la case est prise (en fait elle n'existe pas sur les angles), donc règle III

- on positionne le 8, règle I
- il sort du cadre, donc règle II

- on positionne le 9, règle I
- il sort du cadre, donc règle II

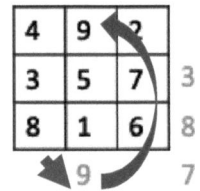

Il est facile de vérifier que la somme sur chaque ligne, chaque colonne, et chaque diagonale est toujours égale à 15.

Nous avons appliqué la même méthode pour construire ce carré magique d'ordre 5.

Le lecteur peut vérifier que la somme sur chaque ligne, chaque colonne, et chaque diagonale est toujours égale à 65.

11	18	25	2	9
10	12	19	21	3
4	6	13	20	22
23	5	7	14	16
17	24	1	8	15

Le nombre 1 est toujours positionné au milieu d'un côté extérieur du carré. Ensuite la règle I consiste à positionner le second chiffre, soit vers le sud-est, soit le sud-ouest, soit le nord-est ou le nord-ouest, mais avec le premier pas (vers le nombre 2), toujours orienté vers l'extérieur du carré. Les autres chiffres sont positionnés en suivant toujours la même orientation choisie.

Il est ainsi possible de construire des carrés magiques d'ordre impair, de toutes tailles, ainsi que tous ceux qui en découleraient par rotation, ou par symétrie.

5.3.3   Carrés magiques normaux d'ordre pair

Ces carrés sont beaucoup plus difficiles à construire. Nous ne décrirons ci-après qu'une méthode, celle qui permet de construire des carrés d'ordre 4, 8 ou 12, ... (ordre pairement pair, c'est-à-dire multiple de 4).

Elle se base sur le fait que ces carrés possèdent des propriétés géométriques de symétrie. Nous allons détailler cette méthode pour un carré magique d'ordre 4. Ce carré va comprendre 16 nombres (4x4) et la constante magique est 16x17 / 2 /4 = 34.

Nous allons tout d'abord tracer une ligne fictive, passant par les 2 diagonales.

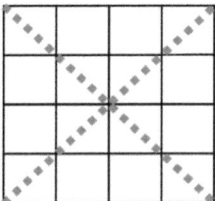

Le positionnement des nombres se fait en 2 temps :

1er temps : nous plaçons les nombres consécutifs de 1 à 16, en partant d'un coin quelconque, mais uniquement sur les cases couvertes

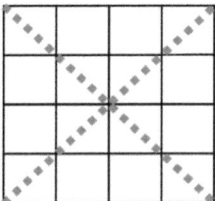

2ème temps : Recommencer, en sens inverse, à partir de la case 16, mais cette fois en plaçant les nombres uniquement sur les cases non couvertes

1	15	14	4
12	6	7	9
8	10	11	5
13	3	2	16

Il est facile de vérifier que la somme sur chaque ligne, chaque colonne, et chaque diagonale est toujours égale à 34. Nous avons appliqué la même méthode pour construire le carré magique ci-dessous, d'ordre 8.

Nous avons divisé le carré en sous-carrés d'ordre 4, et dans chacun de ces sous-carrés, nous avons tracé les diagonales fictives. Puis nous avons positionné les nombres de 1 à 64, dans un 1er temps uniquement sur les cases couvertes, puis dans un 2ème temps en repartant en sens inverse, sur les cases non couvertes.

1	63	62	4	5	59	58	8
56	10	11	53	52	14	15	49
48	18	19	45	44	22	23	41
25	39	38	28	29	35	34	32
33	31	30	36	37	27	26	40
24	42	43	21	20	46	47	17
16	50	51	13	12	54	55	9
57	7	6	60	61	3	2	64

Le lecteur peut vérifier, ici, que la somme sur chaque ligne, chaque colonne, et chaque diagonale est toujours égale à 260.

5.3.4 Carrés magiques diaboliques

Sans être toujours des carrés magiques normaux, ils peuvent être construits de façon assez spectaculaire.

Carré à partir de nombres au hasard
Cette méthode est empruntée à Arthur Benjamin. Elle permet de créer un carré magique d'ordre 4, à partir d'une série de 4 nombres pris au hasard.

Le calculateur demande sa date de naissance à un spectateur, de préférence inconnu (par exemple 12/3/1989).

Il choisit, parmi le nombre de la date, 4 nombres tels que la somme ne soit pas trop importante, par exemple ici 12, 3, 8 et 9 (pour une date étant 17/8/2005, on peut retenir 17, 8, 20 et 05 par exemple). Il faut essayer d'éviter une case avec le chiffre 1.

Le calculateur écrit les 4 nombres retenus au tableau.et en inscrit la somme (ici 12+3+8+9 = 32).

Il écrit les 4 nombres dans les 4 cases de la première ligne du carré.

	1	2	3	4
A	12	3	8	9
B				
C				
D				

Puis il remplit les cases du carré, rapidement, selon la séquence suivante : (nous recommandons de faire ce tableau sur une feuille de papier et de le remplir au fur et à mesure)

1. D1 : égal à A2, soit 3
2. C2 : égal A3+1, soit 8+1=9 (nota : si la case A2 est égale à 1 ou 2, on retranchera 1 à A3)
3. nous obtenons alors 3 chiffres sur 4 dans la première diagonale. Donc la somme de cette diagonale : 3+9+B3+9=32 soit B3=11

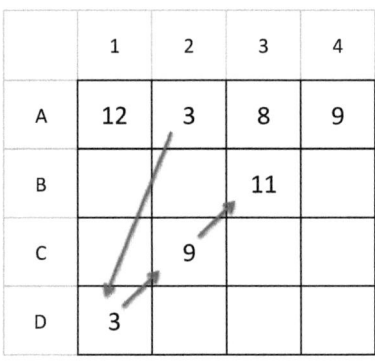

	1	2	3	4
A	12	3	8	9
B			11	
C		9		
D	3			

4. dans le carré 2X2 en haut à droite, 8+9+11+B4=32 donc B4=4
5. dans le carré central en haut : 3+8+11+B2=32 soit B2=10
6. dans le carré en haut à gauche : 12+3+10+B1=32, soit B1=7
7. dans le colonne 1 : la case C1 est égale à B2, donc on recopie 10
8. dans le carré en bas à gauche :3+9+10+D2=32 soit D2=10

	1	2	3	4
A	12	3	8	9
B	7	10	11	4
C	10	9		
D	3	10		

9. la case C4=B3 donc on recopie 11
10. dans la 4ème colonne : 9+4+11+D4=32 soit D4=8
11. dans la 3ème ligne : 10+9+11+C3=32 soit C3=11
12. enfin le dernier carré en bas à droite : 2+11+11+D4=32 soit D4=8

	1	2	3	4
A	12	3	8	9
B	7	10	11	4
C	10	9	2	11
D	3	10	11	8

Le calculateur peut alors énoncer rapidement :
13. somme de la 2ème ligne = 7+10+11+4=32
14. de même pour ligne 3, ligne 4, colonne 1, colonne 2, colonne 3, colonne 4 = 32
15. et ce n'est pas tout : idem 1ère diagonale, 2ème diagonale =32
16. et les 4 coins : 9+12+3+8=32

17. et le carré central : 10+11+9+2=32
18. et encore : les 4 carrés 2x2 des 4 coins = 32
19. et le carré central en haut, celui central en bas =32
Vos interlocuteurs en restent bouche bée !

Une variante peut être employée en ayant la somme qui soit imposée par le spectateur. Dans ce cas, le calculateur choisit lui-même 4 nombres dont la somme est égale à cette somme, ou fait choisir ces 4 nombres par plusieurs spectateurs.

Le lecteur peut s'entraîner à différents carrés magiques et acquérir de la rapidité de calcul à l'aide de notre application.

Carré surprenant
Préparer une grille 5x5. Demander de positionner les nombres de 1 à 10, en abscisse et en ordonnée, dans n'importe quel ordre et de remplir la table d'addition.
Pendant que le spectateur rempli la table d'addition, le calculateur écrit 55 sur un papier et le place dans une enveloppe. Il demande ensuite de positionner 5 jetons, tels que les jetons soient tous sur des lignes et colonnes différentes. Par exemple :

	3	6	8	2	7
1	4	7	9	3	8
9	12	15	17	11	16
10	13	16	18	12	17
5	8	11	13	7	12
4	7	10	12	6	11

Demander de faire la somme des cases sous les jetons : cette somme fait 55. Le spectateur ouvre l'enveloppe !

L'explication en est relativement simple : chaque nombre dans une case est la somme de 2 nombres du départ. En positionnant les 5 jetons dans des colonnes et lignes différentes, on ne prend jamais les 2 mêmes nombres de départ, donc on retrouve la somme des 10 premiers nombres, soit 55.

On peut réessayer avec d'autres nombres - par exemple 10 nombres que le spectateur choisit au hasard (avec par exemple une limite – 20, 50,.. – en fonction des capacités de calcul du calculateur). Le calculateur en fait la somme pendant que le spectateur remplit la table d'addition, et inscrit cette somme sur le papier.

Ce numéro est un peu long, mais il est également spectaculaire.

Ci-dessous un exemple d'illustration de ce tableau, emprunté à Dominique SOUDER, qu'il recommande à faire même avec des enfants de primaire. Il s'agit de générer un tableau magique pour anniversaire par exemple. Vous trouverez en bibliographie la référence de ses ouvrages publiés par SOS Éducation. L'explication en est très claire, et je n'ai pas voulu plagier, en reprenant intégralement son explication.

« Supposons qu'il s'agisse de fêter le 36° anniversaire d'une personne. Choisissons un tableau de 4x4 = 16 cases qui servira de cadeau mathémagique (voir ci-dessous). Vous placez dans 7 (sur les 8) cases externes grisées quelques petits nombres, par exemple ici 3, 7, 5, 4, 2, 4 et 6. Vous faites leur total. Si vous trouvez 31, vous calculez alors qu'il faut mettre 36-31 = 7 dans la 8ème case extérieure, afin que le total des 8 cases fasse bien 36. Vous dressez ensuite la table de Pythagore de l'opération « addition ».

Vous coupez les bords grisés (ligne du haut, et colonne de gauche) : il vous reste le tableau de 16 cases à fond blanc.

	3	7	5	4
2	4	8	6	5
4	12	16	14	13
6	13	17	15	14
5	8	12	10	9

4	8	6	5
12	16	14	13
13	17	15	14
8	12	10	9

L'enfant apporte le tableau à la personne à laquelle il veut souhaiter bon anniversaire, avec 4 pions, et demande de placer ceux-ci en respectant la consigne « un par ligne, un par colonne ». La personne doit ajouter les 4 valeurs écrites sous les pions, elle trouvera 36. On lui fait trouver une autre solution de positionnement des pions, le total des 4 nombres sera encore 36 : décidemment, bon 36ème anniversaire !

5.4 Calcul du jour de la semaine

5.4.1 Prérequis

Pour faire efficacement ce calcul, et le faire rapidement afin d'impressionner votre auditoire, il y a quelques éléments de calcul à maîtriser parfaitement.

La table de multiplication par 4 (jusqu'à 4 x 25) et ceci de façon instantanée.
On peut recommander de s'appuyer sur celle de 1 à 10, soit jusqu'à 40.

Puis, de 11 à 20, il suffit d'y ajouter 40. Par exemple 17x4 = 40 +7 x 4 = 40 + 28 soit 68.

Puis de 21 à 25, d'ajouter 80. Par exemple 23x4 = 80 + 12 = 92 (se prononce d'ailleurs quatre-vingt-douze !)

Les multiples de 7, entre 0 et 140

Comme précédemment, on peut s'appuyer sur la table de 1 à 10, puis, au-delà de 70, d'y ajouter 70.

Soit   7 – 14 – 28 - 35 – 42 – 49 – 56 – 63 – 70

Ensuite 77 – 84 – 98 – 105 – 112 – 119 – 126 – 133 - 140

Le reste d'une division, notamment par 4 et par 7.

On écrira a mod(n) pour représenter le reste de la division de a par n. Un modulo équivaut donc à la différence entre "a" et la multiplication de la valeur tronquée du quotient de "a" par "n".

Mod(4) (pour modulo 4)

On retire du nombre initial le multiple de 4 immédiatement inférieur. Par exemple :

-   14 mod(4) ≡ 14-12≡ 2, 12 étant le multiple de 4 immédiatement inférieur à 14.

-   79 mod(4) ≡ 79-76 ≡ 3, 76 étant le multiple de 4 immédiatement inférieur à 79

Mod(7) (pour modulo 7)

Pour le reste de la division par 7, on procède de la même manière. Par exemple

-   17 mod(7) ≡ 17-14≡ 3, 14 étant le multiple de 7 le plus proche au-dessous de 17

-   84 mod(7) ≡ 84-84 ≡ 0, 84 étant un multiple de 7

Si vous n'êtes pas familiarisé avec ce calcul, nous vous recommandons de vous y entraîner. Vous pouvez toutefois appliquer la méthode de calcul ci-après, et commencer avec l'aide d'une feuille de papier.

5.4.2 Principe

Le principe de base de la détermination du jour de la semaine à partir d'une date repose sur le fait qu'une année normale comporte 365 jours. Chaque semaine faisant 7 jours, l'année comporte 52 semaines (364 = 350 +14 soit 50 + 2 semaines) et 1 jour. Nous traduirons cela en disant que chaque année avance d'un jour. Ainsi, si le 1er janvier 2018 tombe un lundi, le 1er janvier 2019 tombe un mardi. Lors des années bissextiles, celles-ci avancent de 2 jours.

Pour connaître quand tombera un jour quelconque entre le 1/1/2000 et le 31/12/2099, au hasard le 16 février 2019, il suffit de connaître quel jour s'est produit le 31/12/1999, en l'occurrence un vendredi.

Maintenant nous déterminons le décalage :
- il est d'abord dû au nombre d'années, soit 19 jours, plus le nombre d'années bissextiles, soit 5 (2000-2004-2008-2012-2016 étant des années bissextiles), donc 24 jours, soit 3 semaines et 3 jours, donc en fait un décalage de 3 jours
- puis celui dû au nombre de mois : ainsi 3 jours en janvier (31 jours soit 4 semaines + 3 jours)
- et enfin celui dû aux 16 jours de février (en fait 2 semaines + **2 jours**)

Donc un décalage total de 8 jours (en fait 1 semaine + **1 jour**). Il suffit maintenant d'ajouter ce décalage total d'une journée au jour d'où nous sommes partis, en l'occurrence un vendredi, pour obtenir un samedi.

Nota : si l'on désire appliquer ce calcul sur une date comprise entre le 1/1/1900 et le 31/12/1999, il faut considérer que le calcul démarre un mercredi – en effet, les cent années décalent de 100 jours, soit 14 semaines et 2 jours, et de 24 années bissextiles, soit 3 semaines et 3 jours (attention, 1900 n'est pas une année bissextile). Ainsi le siècle a créé un décalage de 5 jours, donc le 31/12/1899 était un dimanche (vendredi – 5 jours).

5.4.3 Méthode pratique de calcul

La méthode appliquée ci-dessous permet et simplifier et d'automatiser le calcul décrit précédemment. Dans cette méthode de calcul, chaque jour de la semaine est affecté d'un n°, 0 à 6, en commençant par 0 = dimanche, 1 = lundi, 2 = mardi, etc....

Le calcul s'effectue, en ajoutant, dans l'ordre suivant :
1) Le code année, (ramené à mod(7))
2) Puis le code du mois (ramené à mod(7))
3) enfin le jour (ramené à mod(7))

Tableau des codes

Siècle/année	1700	1800	1900	2000
	5	3	1	0

Mois	1	2	3	4	5	6	7	8	9	10	11	12
	6	2	2	5	0	3	5	1	4	6	2	4

Jour	0	1	2	3	4	5	6
	dimanche	lundi	mardi	mercredi	jeudi	vendredi	samedi

1) Code année :
a) nombre d'années bissextiles depuis le début du siècle, soit partie entière du nombre d'années divisé par 4
b) ajouter le nombre d'années
c) ajouter le code siècle (voir tableau)

Le code année est le plus difficile à déterminer dans cette opération, c'est pourquoi nous recommandons de le calculer en premier lieu.

2) Code mois : (voir tableau)
correction en cas d'année bissextile : s'il s'agit d'une année bissextile, on retranche 1 aux mois de janvier et février.

3) Code jour : date dans le mois, en mod(7)

4) ajouter les 3 codes : année, mois et jour, toujours en modulo 7.

Nous conseillons de transformer directement les codes en mod(7) au fur et à mesure du calcul, de les ajouter également au fur et à mesure, et de transformer les résultats en mod7 dès que l'on obtient un nombre supérieur à 7.
Le résultat correspond au jour dans la semaine.

Déterminons quel jour était le 12 juillet 1998 ?
Oui! On n'a pas besoin de calculateur prodige pour cela : tous les amateurs de football s'en souviennent !

Recalcule	**Année**	1998	
	Mois	7	
	Jour	12	
	siècle	1900	

1) calcul du code année			
nombre d'années (année mod100)	98		
nombre d'années bissextiles	24		
code siècle	1		
total	123	soit	4

2) calcul du code mois			
	5		
code année bissextile	0		
total	5	soit	5

3) calcul du jour			
jour	12	soit	5

somme	14
soit	0
donc	**dimanche**

1) Code l'année

L'année dans le siècle : 98
Le nombre d'années bissextiles : 98/4 = 24,... (4 x 24 = 96 est le multiple inférieur le plus proche)
Code siècle (dans tableau) pour 1900 = 1
Donc un total de 123. Le multiple de 7 inférieur/égal est 119 (70+49), il **reste donc 4** (que je mémorise sur mes doigts, afin de libérer mon esprit pour les calculs ultérieurs)

Je peux traduire les nombre intermédiaires directement en mod(7)
- 98 mod(7) = 0 (98=24x7)
- 24 mod(7) = 3 (3x7 + 3)
- En ajoutant 1 pour le siècle : 0+3+1 = 4

2) Code du mois (voir tableau)

pour **juillet = 5**, et 98 n'est pas une année bissextile
J'ajoute directement au code année, soit 4+5=9 soit en mod(7), je retiens uniquement 2 (sur mes doigts)

3) Code du jour :

Jour = 12 : le multiple de 7 inférieur/égal est 7, avec **reste 5**, que j'additionne avec le 2 mémorisé, soit 7. Traduit en mod(7), il reste 0
Dans la semaine, le code 0 correspond au dimanche.

5.4.4 Conseils

Commencer avec un papier, et avec les années 2000.
Copier le tableau des codes mois. Dans un premier temps, l'utiliser sous forme papier, puis l'apprendre par cœur. Faire des groupes
1. soit par 3 (par trimestre) : 622-503-514-624
2. soit par 2 (comme un n° de tel) : 62-25-03-51-46-24

3. soit en utilisant une méthode mnémotechnique (voir chapitre suivant)
4. s'entraîner, à raison d'une par jour, lorsqu'une date particulière attire notre attention (tiens ! quel jour était-ce ?), puis en faisant une part de calcul mental de plus en plus importante.

Astuce de spectacle : afin de donner une impression de calcul plus rapide, ne pas demander la date complète et ensuite faire le calcul. Il est préférable de
1. demander l'année, et calculer rapidement le code année, en ne retenant que le reste par 7
2. demander le mois et ajouter le code mois, l'ajouter au nombre précédent, et ne retenant que le reste par 7
3. enfin demander le jour, en prendre le reste par 7 et ajouter au nombre intermédiaire. Le reste par 7 donne immédiatement le jour de la semaine.

Ce que je fais fréquemment, c'est lorsque je suis en compagnie de plusieurs personnes, et que l'un indique au hasard de la conversation « je suis de 61 », je détermine discrètement le code année (en l'occurrence dans cet exemple 15 années bissextiles, soit 1, puis 61 ans, soit 5, puis 1 code siècle, soit le code 0). Il me suffit quelques minutes plus tard, vers la fin de la conversation « au fait tu es de quel mois ? ah oui, et quel jour ? puis nonchalamment « Ah oui tiens c'était un vendredi ! » - stupéfaction !

Une autre astuce de spectacle peut consister à faire choisir une année dans une liste de calendriers. L'idéal est de fournir des calendriers papier (format PTT par exemple). On peut immédiatement déterminer le code année. Puis de demander à chacun des participants de donner une date dans ce calendrier. Il ne reste à ajouter à chaque fois que les codes mois et jour, et donner une réponse très rapide.

Voir le fichier excel pour tester et progresser rapidement.

5.5 Mémoriser des nombres

La mnémotechnie, c'est l'art d'utiliser des techniques, pour renforcer la mémorisation.

5.5.1 Méthode des lieux

Cette méthode est connue depuis l'antiquité. Elle est efficace pour mémoriser de longues listes d'éléments, et les restituer dans l'ordre. On se base sur des lieux que l'on connait parfaitement, auxquels on associe les éléments que l'on souhaite mémoriser. L'association d'une image mentale va renforcer leur mémorisation. On entend encore aujourd'hui l'expression d'un orateur : « en premier lieu …, en second lieu... », pour suivre l'évolution de son discours dans l'ordre des sujets.

Par exemple, lorsque je dois mémoriser une liste de courses :
- Carottes
- Haricots verts
- Pommes
- Poires
- Oranges
- Eau
- Huile
- Vinaigre
- ….

J'imagine le circuit, en rentrant chez moi : à la poignée de la porte d'entrée est accrochée une botte de carottes. Je pénètre dans l'entrée, je vois des haricots verts posés dans le vase sur le guéridon, Sur l'étagère face à moi, où je pose mes clés, il y a un plateau avec des pommes et des poires, et je me sers un verre d'eau de la bouteille qui est sur le petit plan coulissant, etc... Pour retenir une liste d'objets, j'utilise toujours le même circuit, donc je « vois » toujours les mêmes lieux, dans le même ordre. À vous d'essayer avec votre propre circuit.

5.5.2 Méthode phonétique

Parmi toutes les techniques qui existent pour la mémorisation des chiffres et des nombres, un code phonétique a été créé il y a près de 4 siècles. Le principe consiste à associer les chiffres à des consonnes, puis à y ajouter des voyelles pour faire des mots et construire une série de mots. Cette technique est aujourd'hui la plus répandue.

Chaque chiffre est associé à un son. Par exemple, le code de ma valise est 6524. Les sons de consonnes « ch », « l », « n » et « r » sont associés à ces 4 chiffres. Je crée donc une phrase, avec des mots contenant ces sons de consonnes, en complétant avec des voyelles.

6	5	2	4
CH	L	N	R
Un CH a	L et	N oi	R

J'enregistre l'image d'un chalet noir, dans lequel je pars en vacances avec ma valise, et la montagne, sur la neige de laquelle se détache bien le chalet noir. Il ne faut pas hésiter à rajouter des images, afin de renforcer la mémoire sur le chalet noir.

Il faut bien entendu commencer par apprendre cette table par cœur :

- Chiffre Son
- 0   s ou z   s= cercle ou z = zéro
- 1   t ou d
- 2   n   n a 2 jambes
- 3   m   m a 3 jambes
- 4   r   la voiture a 4 roues
- 5   l   L est le chiffre romain de 50
- 6   ch ou j
- 7   k   K7 audio
- 8   f   f en écriture cursive ressemble
à un 8
- 9   p ou b   9 ressemble à un p en miroir
ou à un b retourné

Quelques exemples
- 21 : NaTTe C'est le son qui compte, pas l'écriture. Notez que si la lettre T est doublée, le son t n'est prononcé qu'une fois
- 41 Un RaTeau : ici la lettre n n'est pas prononcée,
- 315 : MenTaL : le n n'est pas traduit en chiffre, car il n'est pas prononcé.

La méthode peut être utilisée pour se remémorer rapidement, après une longue période sans les utiliser, la table des codes mois, pour le calcul du jour de la semaine.

On peut soit bâtir une phrase, soit se remémorer une liste de mots :

6 2 2	5 0 3	5 1 4	6 2 4
CH N N	L S M	L T R	CH N R
Un Chanoine	lisait un mot.	Il entra	à genoux et rit
Un chanoine	Le sommet	Un lutrin	Un chat noir

La table ci-après nous fournit une liste d'objets codant les nombres de 1 à 99.

	0-S/Z	1-T/D	2-N	3-M	4-R
0-S/Z	0 SEAU	1 TAS	2 NEZ	3 MAT	4 RAT
1-T/D	10 TASSE	11 TETE	12 TONNEAU	13 DIAMANT	14 TAUREAU
2-N	20 NASSE	21 NATTE	22 NONNE	23 NEM	24 NERF
3-M	30 MASSUE	31 MOUTON	32 MOINE	33 MAMAN	34 MARE
4-R	40 ROSE	41 RATEAU	42 REINE	43 RAME	44 RARE
5-L	50 LASSO	51 LATTE	52 LAINE	53 LAMA	54 LARD
6-CH/J	60 CHAISE	61 CHÂTEAU	62 CHAINE	63 CHAMEAU	64 CHAR
7-K	70 CAISSE	71 COUTEAU	72 CANNE	73 CAMION	74 CAR
8-F	80 FACE	81 FETE	82 VAN	83 FEMME	84 PHARE
9-P/B	90 POISSON	91 PATTE	92 PANNEAU	93 POMME	94 POIRE

	5-L	6-CH/J	7-K	8-F	9-P/B
0-S/Z	5 LAIT	6 CHAT	7 QUEUE	8 FEU	9 PÏED
1-T/D	15 TOILE	16 TACHE	17 TICKET	18 DAUPHIN	19 TAUPE
2-N	25 NYLON	26 NICHE	27 NUQUE	28 NAVET	29 NAPPE
3-M	35 MALLE	36 MAGE	36 MAC'	38 MAFIA	39 MOB'
4-R	45 ROULEAU	46 RUCHE	47 REQUIN	48 RAVIN	49 ROBE
5-L	55 LILAS	56 LUGE	57 LAC	58 LOUVE	59 LAPIN
6-CH/J	65 CHALET	66 CHOUCHOU	67 CHEQUE	68 CHEVEU	69 CHAPEAU
7-K	75 CALE	76 CAGE	77 COCA	78 CAFE	79 CAPE
8-F	85 FILET	86 VACHE	87 PHOQUE	88 FEVE	89 VAPEUR
9-P/B	95 PELLE	96 PECHE	97 PAQUET	98 PAVE	99 PAPA

5.5.3 Une démonstration

Avec un peu d'entraînement, il est possible de réaliser une démonstration assez spectaculaire.

On prend un grand tableau carré 5x5 ou plus (ou 4x4 pour démarrer), et on demande à un interlocuteur de le remplir, une ligne à la fois, de la gauche vers la droite, avec des nombres de 1 ou 2 chiffres.
Il est bien entendu préférable de commencer l'exercice avec une grille 4x4, et des nombres à 1 chiffre.

A chaque fois qu'une ligne est indiquée, on prend le temps nécessaire (mais assez rapide si possible), pour traduire la ligne code mnémotechnique.

Nous recommandons de mémoriser à partir de groupes de 2 chiffres, car il est plus facile de trouver des mots de 2 syllabes, plutôt que de 3 syllabes.

Par exemple pour la 1ère ligne nous avons 1 – 2 – 4 – 6. En groupant T N et R CH, on peut se souvenir d'un Tonneau Riche.
On pratique de même avec les autres lignes, en groupant toujours si possible par 2 mots de 2 syllabes, ayant une relation entre eux.

Puis, après avoir caché le tableau, le calculateur peut demander à l'auditoire de réaliser certaines opérations, par exemple :
- Faire la somme de la 2ème colonne
- Multiplier les 4 coins,
- Etc..

6 CONCLUSION

En conclusion, nous pourrions retenir le sens de ce livre. Avant d'effectuer un calcul, lorsqu'on ne peut pas, ou ne veut pas, recourir à une calculatrice, il est nécessaire d'en comprendre la nature, et de rapidement identifier quelle est la meilleure méthode pour le réaliser : soit la technique traditionnelle enseignée en classe, soit une méthode simplifiée.

Vous trouverez rapidement la méthode qui vous convient le mieux, vous saurez facilement convertir un calcul *a priori* compliqué en un autre beaucoup plus simple. Vous constaterez même que vous commencerez à trouver un plaisir à manipuler des nombres.

7   SOLUTIONS DES EXERCICES

7.1   Chapitre 2.4 - Pour mettre en appétit

Multiplications par 11
-   nombres à 2 chiffres (on place la somme au milieu)

  1.   41 x 11 = 451
  2.   85 x 11 = 935
  3.   76 x 11 = 836
  4.   46 x 11 = 506
  5.   59 x 11 = 649

-   nombres à 3 chiffres (on place le premier, puis la somme des 2 premiers, ensuite la somme des 2 derniers et l'unité)

  6.   139 x 11 = 1529
  7.   556 x 11 = 6116
  8.   127 x 11 = 1397
  9.   855 x 11 = 9405
  10.   270 x 11 = 2970

-   nombres à 4 chiffres (on place le premier, puis les sommes des chiffres suivant, par groupe de 2, et enfin l'unité)

  11.   4316 x 11 = 47476
  12.   6345 x 11 = 69795
  13.   8170 x 11 = 89870

14. $4893 \times 11 = 53823$
15. $3662 \times 11 = 40282$

Carrés se terminant par 5 : (on place le produit du nombre des dizaines par son suivant, et on adjoint 25)
- *nombres à 2 chiffres*

16. $55^2 = 3025$
17. $45^2 = 2025$
18. $95^2 = 9025$
19. $75^2 = 5625$
20. $25^2 = 625$

- *nombres à 3 chiffres*

21. $115^2 = 13225$
22. $225^2 = 50625$
23. $205^2 = 42025$
24. $145^2 = 21025$
25. $195^2 = 38025$

Multiplication nombres avec même dizaine et unités complémentaires à 10 : (on place le produit du nombre des dizaines par son suivant, et on adjoint le produit des unités)

- *nombres à 2 chiffres*

26. $21 \times 29 = 609$
27. $72 \times 78 = 5616$
28. $84 \times 86 = 7224$
29. $32 \times 38 = 1216$
30. $26 \times 24 = 624$

7.2 Chapitre 3.1 - Additions

Nombres à 2 chiffres
1. $62 + 10 = 72$
2. $22 + 63 = 85$
3. $55 + 35 = 90$
4. $49 + 76 = 125$
5. $98 + 35 = 133 \quad (98 = 100 - 2)$

Nombres à 3 chiffres
6. $111 + 346 = 457$
7. $316 + 436 = 752$
8. $787 + 274 = 1\ 061$
9. $804 + 547 = 1\ 351$
10. $164 + 596 = 760 \quad (596 = 600 - 4)$

Nombres à n chiffres

11. $2\ 653 + 5\ 136 = 7\ 789$
12. $646 + 3\ 556 = 42\ 102$
13. $7\ 547 + 675 = 8\ 222$
14. $27\ 466 + 2\ 813 = 30\ 279$
15. $17\ 996 + 81\ 365 = 99\ 361 \quad (17\ 996 = 18\ 000 - 4)$

7.3 Chapitre 3.2 - Soustractions

Nombres à 2 chiffres
1. $39 - 27 = 12$
2. $58 - 53 = 5$
3. $60 - 17 = 43$
4. $51 - 32 = 19$
5. $83 - 66 = 17$

Nombres à 3 chiffres
6.   274 – 233 = 41
7.   503 – 459 = 44
8.   875 – 213 = 662
9.   832 – 56 = 776
10.   718 – 461 = 257

Nombres à n chiffres
11.   917 822 - 6 701   =   911 121
12.   82 769 – 39 305   =   43 464
13.   465 894 – 211 787   =   254 107
14.   8 079 055 – 277 589 = 7 801 466
15.   947 009 347 – 235 448 251 = 711 561 096

7.4   Chapitre 3.3 - Multiplications

Multiplications par 11

- nombres à 2 chiffres (on place la somme au milieu)
- multiplicateur à 1 chiffre : 15 avec différents multiplicandes
- multiplicateur à 2 chiffres : 15 avec différentes caractéristiques
- multiplicateur à 3 ou 4 chiffres : 5

Multiplicateurs à 1 chiffre
- Multiplicande à 1 chiffre (juste pour réviser les tables de multiplication)
  1.   9 x 7 = 63
  2.   3 x 4 = 12
  3.   7 x 3 = 21
  4.   4 x 9 = 36
  5.   5 x 4 = 20

- Multiplicande à 2 chiffres
  6. 12 x 6 = 72
  7. 64 x 5 = 320   640 / 2
  8. 28 x 6 = 168
  9. 29 x 4 = 116   120 - 4
  10. 68 x 8 = 544

- Multiplicande à n chiffres – de gauche à droite
  11. 796 x 4 = 3 184   3200 – 4x4
  12. 591 x 7 = 4 137
  13. 234 x 6 = 1 404
  14. 5107 x 6 = 30 042
  15. 5582 x 4 = 22 328

Multiplicateurs à 2 chiffres
- Multiplicande à 2 chiffres
  16. 45 x 21 = 9 045   45x20 + 45
  17. 59 x 19 = 1 121   59x20 - 59
  18. 53 x 63 = 3 339   5x6=   30.. ;   (6+5)x3=33. ;
      +3x3
  19. 23 x 99 = 2277   2300 - 23
  20. 34 x 26 = 884 $30^2 – 4^2$ soit 900 - 16

- Multiplicande à n chiffres
  21. 321 x 622 = 199 662multiplication croisée
  22. 101 x 407 = 41 107   407.. + 407
  23. 792 x 808 = 639 936 $800^2 - 8^2$
  24. 849 x 851 = 722 499 $850^2 - 1$
  25. 506,6 x 203 = 102 839,8   multiplication
      croisée, et virgule

7.5 Chapitre 3.4 - Carrés

Nombres à 2 chiffres

1. $31^2 =$ 961
2. $40^2 =$ 160
3. $81^2 = 6\,561$
4. $55^2 = 3\,025$
5. $83^2 = 6\,889$
6. $56^2 = 3\,136$
7. $47^2 = 1\,769$
8. $74^2 = 5\,476$
9. $66^2 = 4\,356$
10. $89^2 = 7\,921$

Nombres à 3 chiffres,

11. $740^2 = 547\,600$
12. $811^2 = 657\,721$
13. $807^2 = 651\,249$
14. $445^2 = 198\,025$
15. $297^2 =$ 88 209

Un défi, pour s'amuser

16. $1234^2 =$ 1 522 756
17. $5263^2 = 27\,699\,169$

7.6 Chapitre 3.5 - Divisions

Divisibilités

1. Racine numérique de 3 <u>945</u> : 3
2. Racine numérique de 74 8<u>72</u> : 7+4+8=<u>19</u> : 1
3. 43 mod(7) $\equiv$ 1 (6x7=42)
4. 18 mod(4) $\equiv$ 2 (4x4 =16)

5. 1 411 est-il divisible par 17 : enlever $\underline{3}$x17=51, reste 1360 et 136=$\underline{8}$x17 donc divisible (quotient 3+80 = 83)

Divisions par un nombre à 1 chiffre
Un chiffre à la fois, de la gauche vers la droite
6. $432 \div 9 = 48$
7. $846 \div 3 = 282$
8. $7\ 768 \div 4 = 1942$
9. $94\ 038 \div 3 = 31\ 346$
10. $367\ 208 \div 8 = 45\ 901$

Divisions par un nombre à plusieurs chiffres
11. $84 \div 14 = 6$: méthode traditionnelle par groupe de 2, ou 2 étapes : division par 2 puis par 7
12. $663 \div 51 = 13$: méthode traditionnelle par groupe de 2
13. $645 \div 43 = 15$: méthode traditionnelle par groupe de 2
14. $3765 \div 15 = 253$: soit méthode traditionnelle par groupe de 2, soit 2 étapes : division par 3, puis par 5
15. $5304 \div 26 = 204$: soit méthode traditionnelle par groupe de 2, soit en 2 étapes : division par 2 puis par 13

Divisions avec valeurs décimales
16. $1855 \div 2,5 = 1855 \div 5/2 = 1855$ x $2/5 = 371$ x $2 = 742$
17. $298,2 \div 2,1 = 2982 \div 21 = 994 \div 7 = 142$
18. $65 \div 6 = 10,83$
19. $941 \div 7 = 134,42$
20. $602 \div 51 = 11,8$

7.7   Chapitre 3.6 – Règle de 3

1. Si la chaîne produit 3750 véhicules par jour, elle va en produire 3750÷5=750/j, donc 1500 en 2 jours
2. Si pour obtenir 100 kg de farine, il faut 120 kg de blé, alors pour 1 kg de farine il faut 120÷100=1,2 kg de farine. Pour 30kg il faudra donc 1,2x30 = 36kg de blé
3. Si 6 palettes contiennent 648 cannettes, alors 1 palette contient 108 cannettes. Il faudra donc 432÷108 = 4 palettes

-

8 BIBLIOGRAPHIE

8.1 Ouvrages recommandés

BENJAMIN Arthur T., SHERMER Michael, *The Secrets of Mental Math* – The Great Courses, 2011.

BENJAMIN Arthur, La magie des maths – Editions H&O, 2020

HOUDARD Manu, *Very Math Trip* – Flammarion, 2019

IMBERT Pascal, Les Secrets du Calcul Mental : Tout le Monde est Capable de Calculer en un Clin d'œil –. CreateSpace, 2014

LABADIE Jean, « *Les calculateurs prodiges ont plus de mémoire que de méthode*", Revue Sciences et Vie n° 376 - p 19-22 – Janvier 1946

MADELAIN M, *Le calcul mental et le calcul oral*", Librairie Istra – 1953

REGNAULT Jules, Les Calculateurs Prodiges : l'Art de Jongler avec les Nombres. Illusionnisme et Calcul Mental – Payot, 1943.

SOUDER Dominique, *Magie et Maths* – Editions du Kangourou, 2001

SOUDER Dominique, 80 petites expériences de maths magiques – Editions Dunod, 2008

SOUDER Dominique, Fascicules *Tours maths et magiques* – SOS Education, 2015, 2016, 2017

LE POINT, Calcul Mental – Le guide pour tous les âges – Le Point – Hors série,

8.2   Sites Internet

AUCLAIR Christophe - Académie de Dijon, *Applications mathématiques* - http://mathematiques.ac-dijon.fr/

BENJAMIN Arthur – Présentations en Videos Youtube

MISERY Frédéric, MiCetF – Entrainement au calcul mental   https://micetf.fr/calculmental/

TROUILLOT Eric – *Jeu Mathador* – https://www.mathador.fr/

VILLEMIN Gérard, Nombres : Curiosités - Théorie – Usage –
http://villemin.gerard.free.fr/

Fédération Française des Jeux Mathématiques - www.ffjm.org

Maths Mentales - http://mathsmentales.net/

Barem – Banque de ressources calcul mental – Editions Hatier
https://www.barem-hatier.fr/categories/calcul-mental

Superprof – Astuces en calcul mental
https://www.superprof.fr/blog/les-astuces-pour-progresser-en-calcul-mental/